大数据金融丛书

PANGOAL 盘古智库

Big data and Finance

大数据金融

李勇　许荣　编著

電子工業出版社
Publishing House of Electronics Industry
北京·BEIJING

内容简介

大数据金融是利用大数据技术突破、革新并发展传统金融理论、金融技术和金融模式的一种全球性趋势。这一趋势既是现有技术进步的必然结果，又是未来金融发展的强劲动力。广度上，大数据金融重塑了银行业、保险业、证券投资业等金融行业的核心领域。深度上，大数据金融不仅推动了金融实务的持续创新，更催生了金融模式的深刻变革。

本书构建出一个系统性的分析框架，从多个角度对全球大数据金融的实践进行了全面的归纳与研究。沿着本书的分析框架，读者可以清楚地了解大数据金融在银行、保险、量化投资、资产管理、金融监管和国家金融安全这六大领域的机遇和挑战。同时，本书详细分析了国内外大数据金融应用的大量真实案例。这些案例生动鲜活、时效性强，既便于读者加深对理论内容的理解，又使得本书具备了一定的现实指导作用。

在保证专业性的前提下，本书兼顾了表述的通俗化。因此，本书既为金融业界、学界的深入研究提供了基本资料，又适合普通读者入门之用。

图书在版编目（CIP）数据

大数据金融 / 李勇，许荣编著. —北京：电子工业出版社，2016.1
（大数据金融丛书）

ISBN 978-7-121-27626-2

Ⅰ. ①大… Ⅱ. ①李… ②许… Ⅲ. ①金融—数据管理—研究 Ⅳ. ①F830.41

中国版本图书馆 CIP 数据核字（2015）第 281491 号

策划编辑：李　冰
责任编辑：李　冰
特约编辑：田学清　赵海军
印　　刷：北京七彩京通数码快印有限公司
装　　订：北京七彩京通数码快印有限公司
出版发行：电子工业出版社
　　　　　北京市海淀区万寿路 173 信箱　　邮编：100036
开　　本：720×1000　1/16　印张：11.5　字数：184 千字
版　　次：2016 年 1 月第 1 版
印　　次：2023 年 1 月第 11 次印刷
定　　价：58.00 元

凡所购买电子工业出版社图书有缺损问题，请向购买书店调换。若书店售缺，请与本社发行部联系，联系及邮购电话：（010）88254888，88258888。

质量投诉请发邮件至 zlts@phei.com.cn，盗版侵权举报请发邮件至 dbqq@phei.com.cn。

本书咨询联系方式：libing@phei.com.cn。

“大数据是互联网金融的基石。基于大数据的互联网金融既是金融的新业态，也是金融体系功能提升和结构变革的推动者”

中国人民大学金融与证券研究所所长

吴晓求教授

除了你的才华，其他一切都不重要！

近年来，互联网和人工智能技术的飞速发展，推动传统金融大踏步前进，尤其是量化投资、互联网金融、移动计算等领域，用一日千里来形容亦不为过。2015年年初，李克强总理在政府工作报告中提出制定“互联网+”行动计划，推动移动互联网、云计算、大数据等与各行业的融合发展。2015年9月，国务院又印发了《促进大数据发展行动纲要》，提出“推动产业创新发展，培育数据应用新业态，积极推动大数据与其他行业的融合，大力培育互联网金融、数据服务、数据处理分析等新业态”。可见，大数据金融将会成为未来十年最闪亮的领域。2012年年初，中国量化投资学会联合中国工信出版集团电子工业出版社，共同策划出版了“量化投资与对冲基金丛书”，深受业内好评。在此基础上，我们再次重磅出击，整合业内顶尖人才，推出“大数据金融丛书”，引领时代前沿，助力行业发展。

本书特点

李勇教授和许荣教授的这本《大数据金融》是“大数据金融丛书”中入门性质的书籍，通过浅显简单的案例，全面地介绍了大数据金融的方方面面。

作为为数不多的大数据金融的入门书籍，本书构建了一个系统性的分析框架，全面涵盖了国内外大数据金融发展的主要领域和最新成果。全书划分了银行、保险、量化投资、资产管理、金融监管、中国金融安全6个细分领域，对大数据金融在每个细分领域的影响进行了详尽分析，为读者提供了全景式的介绍。

第 1 章阐述了大数据对传统金融行业的影响与冲击，包括金融模式、金融业态、社会变革等各个方面。大数据绝不仅仅是一个技术性的辅助手段，而是从根本上对金融产品产生了颠覆性的影响。

第 2 章通过支付宝、余额宝等案例说明了大数据对传统银行的影响。银行的主要业务包括：储蓄业务、贷款业务、支付业务。支付宝的便捷性使得越来越多的用户愿意将支付宝作为前端的支付工具，目前已经从线上蔓延到线下，银行反而成为背后的管道。余额宝则大大推进了中国利率市场化的进程，提高了银行的资金成本。P2P 借贷则以更加灵活的方式让供需双方直接联系，降低了中间成本。

对于保险领域，大数据从思维模式、商业模式、经营能力和产品服务等方面全面提升了保险的品质。例如，可以利用大数据分析进行保险产品的精确定价，利用互联网进行保险产品的销售和客户服务。保险产品相对复杂，利用互联网方式可以精准地了解客户的需求，开发出适应性的保险产品，从而满足客户的需求。

至于量化投资，更是大数据金融的典型应用，从选股、择时、对冲套利、资产配置等各方面，投资的依据从以前主要靠分析师的主观判断，到现在更多依靠数据、模型和 IT 系统，这是历史的一个必然趋势。由于量化投资的各种优势，其在国外已经成为主要的投资方式之一，在国内也正在茁壮发展中。

资产管理行业毫无疑问是未来中国具有巨大潜力的领域，其中客户开发、风险管理、资产配置等，都离不开对大数据的分析。第 5 章以阿里金融的“跨界”业务、国金的“触网”业务为案例，为读者展示了未来的这幅画卷。

当然，随着新业务的发展，金融行业的监管和安全也面临着新的课题。例如，在金融监管中，如何保护个人隐私，如何控制数据风险，以及个别业务人员的鲁莽行为等。现在的系统响应速度很快，个人的误操作可能会带来灾难性的影响，所以风险控制与监管尤其重要。既不能因为监管耽误了市场创新，也不能因为过度创新带来市场的不可控。

而在金融安全领域，大数据也有着非常重要的作用，包括利用大数据模型的分析来寻找异常交易行为、打击经济犯罪、反洗钱等。总而言之，大数据在金融行业中的应用才刚刚开始，未来发展空间异常广阔。李勇教授和许荣教授的这本《大数据金融》入门书籍，第一次全面地阐述了大数据金融的重要方面，值得读者仔细研读。

美好前景

中国经济经过几十年的高速发展，各行各业基本上已经定型，能够让年轻人成长的空间越来越小。未来十年，大数据金融领域是少有的几个有着百倍、甚至千倍成长空间的行业。在传统的、以人为主的分析逐步被数据和模型代替的过程中，从事数据处理、模型分析、交易实现、资产配置的核心人才（我们称之为“宽客”），将有广阔的舞台可以充分展示自己的才华。在这个领域中，将不再关心你的背景和资历，无论学历高低，无论有无经验，只要你勤奋、努力，脚踏实地地研究数据、研究模型、研究市场，实现财务自由并非遥不可及的梦想。对于“宽客”来说，除了你的才华，其他一切都不重要！

丁鹏　博士

中国量化投资学会　理事长

《量化投资——策略与技术》作者

“大数据金融丛书”主编

2015.9　上海

前 言

2013 年以来，大数据浪潮迅速席卷全球。短短数年间，大数据应用在政府管理、新闻传播、市场营销等各个领域蓬勃发展，取得了累累硕果。新的联系和规律被不断发掘，而传统的思维和模式则被纷纷颠覆：谷歌搜索比医学家更早地预报流感趋势，社交网站比朋友更熟知我们的性格特征，数据分析师比客户经理更了解市场的消费风向……这些都得益于大数据技术，一切信息都可能被深入利用，并创造出巨大的社会财富。为了发挥大数据对社会经济的推动作用，近年来，美国、日本等国家相继实施了大数据发展规划，开启了国家间的“大数据竞赛”。在国内，贵州、北京、安徽等地也先后将大数据作为重点支持的战略新兴产业，积极打造“数据高地”。2015 年 10 月，中共十八届五中全会明确将国家大数据战略纳入我国“十三五”规划。这些变革都标志着我国已经步入了崭新的“大数据时代”。

作为现代经济的核心，敏锐的金融行业正在积极拥抱大数据技术。大数据金融应运而生，为金融行业带来了广泛而深远的变革。首先，大数据金融成为金融创新的重要源泉。从互联网货币基金的异军突起，到量化投资的日渐风行，再到证券公司与科技公司的强强联合，革命性的产品服务和经营模式层出不穷，形成了百舸争流、竞相开拓的新局面。其次，大数据也给金融行业带来了大挑战。难以察觉的隐私泄露、猝不及防的鲁莽行为、无处不在的数据风险……诸多因素不仅扩大了金融行业的系统性风险，也带来了新的信息风险，为大数据金融的良性发展埋下了隐患。最后，机遇和挑战的冲突也对金融行业的监管层提出了更高的要求，带动着监管内容、监管方式和监管体系的不断升级。

在大数据金融的业务实践高歌猛进之时，大数据金融的理论研究却发展滞后。火热的市场，缺少冷静的审视与思考。先行的实践，急需理论的跟进与夯实。大数据金融为何兴起，又将如何发展？分散在金融行业各领域、各公司的大数据实践是否可以凝练出普适性的模式和理论？类型众多的大数据金融风险是否存在系统性的治理框架？立足于本土的大数据金融实践，中国金融行业如何实现持续的业务创新和模式升级？在大数据金融的发轫之初，这些问题的研究不仅具有前瞻性的理论价值，更能够为大数据金融的实务发展提供指导性的意见。但放眼国内，尚未有相关著作问世，实为憾事。为此，我们撰写了这本《大数据金融》，希望能在这一领域作出绵薄的贡献，起到抛砖引玉的作用。

在结构设计和内容写法上，本书具有如下三个特点：

（1）内容系统全面。本书构建了一个系统性的分析框架，全面涵盖了国内外大数据金融发展的主要领域和最新成果。在这一框架中，本书划分了银行、保险、量化投资、资产管理、金融监管、国家金融安全 6 个细分领域，对大数据金融在每个细分领域的影响进行了详尽分析，从而为读者提供了大数据金融全景式的介绍。

（2）研究扎实深入。本书并非是对现有实践经验的简单搜罗与陈述。相反，在归纳实践经验的基础上，本书侧重对大数据金融的发展态势和发展前景进行深层次、理论性的探讨和研究。在每一个细分领域，本书都总结、提炼了大数据金融的发展模式，发掘了现有问题，并结合中国实际提出了可能的解决方案。

（3）案例丰富生动。在理论研究之余，本文也为读者呈现了国内外大数据金融应用的大量真实案例，并进行了细致入微的剖析。这些鲜活生动的案例缩短了读者与市场的距离，有助于读者更加准确、深入地理解本书的各部分内容。

在本书的撰写过程中，作者参考了国内外大量的文献和新闻资讯，在此向这些资料的作者表示衷心的感谢。此外，本书的写作也得到了研究生钱智俊、李刚等的大力支持和帮助，在此一并表示感谢。由于大数据金融的发展日新月异，且作者水平有限，本书难免存在不足之处，恳请读者批评指正。

目录

第1章 绪论

1.1 迈入大数据时代

清晨，当你独自走入小区花园散步，手机 GPS 已经将你的位置信息报告给了运营商；当你打开电脑开始工作，你的所有操作信息已经即时传输给了客户端；当你拿起手机，给朋友打个电话，或者是发一条微博，这些信息已经立刻被终端抓取存储；即使你只是在走廊徘徊了两步，你的身影也早已经被监控记录。

无声无息地，我们迈入了这个充满奇妙又令人畏惧的大数据时代。奇妙之处在于，即使足不出户我们就可以掌控天下大势，不费吹灰之力就可以得到来自世界的信息；而令人生畏的是，个人所有的言论、行为甚至是思考都赤裸裸地暴露在他人面前。我们可以随时在网站查看、购买心仪的商品，但有些时候或许仅仅多搜索了几个关键词（比如雷管、炸药、菜刀），就会突然地遭到“查水表”。在这个时代里，一切都被记录，一切都被量化，一切都被搜索和窥探。

从330年君士坦丁堡建立到15世纪的1200多年间，欧洲所有的手抄本书籍约800册；1439年古登堡发明了印刷机，1453—1503年的50年间，欧洲印刷的书籍就已经超过了这个数目；也就是说，50年记录下的信息等价于过去1200年。而到今天，大约每3年，世界的信息存储量就翻一番。到2013年，世界上存储的数据超过了1.2 ZB[①]，其中非数字数据的占比不到2%。把这些数据全部记载到书中，可以覆盖美国52次；如果存储在光盘上，高度可以达到地球和月球之间距离的5倍。曾经，亚历山大图书馆号称可以代表世界所有的知识；而在今天，每个地球人即时可获取的信息就超过了它的320倍[②]。

毫无疑问，我们迈入了大数据时代！

1.1.1 大数据是什么

根据维基百科的定义，大数据（Big Data）又称为巨量数据或海量数据，是指涉及的数据量规模巨大到无法通过人工或者目前主流软件工具，在合理时间内达到截取、管理、处理并可以被人类解读的信息。网络上的每一次搜索、购物网站上的每一笔交易、资金的每一次流动，都被纳入到一个数据集合中，通过计算机的筛选、整理、分析，能够从这些数据中得到可信的规律和结论，用于帮助政府管理、企业决策及个人行为判断。

① 1024GB=1TB，1024TB=1PB，1024PB=1EB，1024EB=1ZB。

② [英]维克托·迈尔-舍恩伯格，等. 大数据时代. 杭州：浙江人民出版社，2013.1.

大数据是数量巨大、结构复杂、类型各异的数据集合，也是可以通过数据分享、交叉复用的知识与智力资源，更是现代社会的一种核心资产。大数据的基本特征可以用“4V”来概括：Volume（量级巨大）、Velocity（获取及处理速度极快）、Variety（数据多样性）、Veracity（真实性）[①]。

1. Volume（量级巨大）

海量的数据量是大数据最基本的特征，据 IDC 的定义，大数据的标准是其数量级要超过 100TB，也就是 100 000GB。我们知道，一本普通电子书刊的大小只有几个 MB，即使高清的电子图书也只有几十 MB，大数据的最低要求是其数量相当于上亿本图书，相当于 3 个中国国家图书馆的藏书量。在过去，如此量级的数据是难以想象和获取的，但是，随着信息技术和网络技术的发展，这一切成为可能。微型计算机、移动终端设备技术的进步提供了大量的源数据，使得人类的一切商业或非商业的活动得以被记录下来；存储介质的革命、单位芯片晶体管的几何级增加又使得超级数据的保存成为可能；超级计算机、云计算技术又给数据的转换、分析提供了便捷。古时候，我们只能依赖于竹简上的书写传承知识；造纸术和印刷术发明后，可以较为便捷地通过印刷书籍传播文化；到了近现代，能通过图片、视频、音频等进行记录。然而，数据的保存和传播仍然处于单片状态，并不能很好地进行黏合和被计算机处理。近年来，由于二维、三维技术的成熟，才使得图像、声音乃至动作被计算机完整地刻画和记录，并且能够进行数字搜索、分析和运用（比如 3D 打印技术）。

---

① 马建光，等. 大数据的概念、特征及其应用. 国防科技，2013.2.

大数据“大”的特性还有另一个层面的含义，那就是追求样本的“全”。在过去，由于知识与技术的局限，我们只能通过抽样的方法获取数据并运用于分析预测，进而运用于全样本性质的统计推断；但是在技术高度成熟的信息社会，获取数据的成本瓶颈得以解决，我们已经拥有了获得全样本的便捷条件。采用全样本进行分析，显然比抽样更具说服力。

2．Velocity（获取及处理速度极快）

在过去，人类获取和传播数据的速度是极其缓慢的，许多新的知识和发明都停留在局部或者湮没在历史中。牛顿发明了微积分，但莱布尼兹并不知晓；欧洲人优雅地进入了文艺复兴时代，而美洲新大陆上的人们还过着茹毛饮血的生活。然而，在这样一个信息时代、大数据时代，世界变平了，美国股票的涨跌、利比亚战局的状况、乌克兰的局势可以在一秒钟之内传达到我们的电脑屏幕上。大数据时代，数据的获取是随时随地进行的；正如篇首所言，我们的一言一行、购物网页上的任何停留都已经立刻被记录在数据库中。与此同时，数据的处理也是飞速的；当我们刚刚浏览完购物网站，打开微博，就会有广告给你推荐之前在购物网站浏览的类型相似的商品。数据处理的及时与迅速，当然和技术进步紧密相连，但更是现实需求所导致的，也是大数据区别于传统海量数据处理的重要特征之一。在这样一个日新月异的时代，只有即时地分析处理数据信息，企业才能获得消费者此刻的偏好，也才能立刻做出生产和销售决策。在大数据时代，“时间就是金钱”，一点不为过。

3．Variety（数据多样性）

在目前所有数据中，98%以上都是数字数据，而只有不到2%是书本等非数字数据。即使数字数据本身，也存在结构化数据和非结构化数据的区别。结构化数据是指存储在数据库中，可以通过二维表结构实现逻辑表达的数据，简而言之，就是可以用相同或相似的表结构进行表达的数据；而非结构化数据则很难用二维逻辑表来表达。早期的非结构化数据主要指的是文本信息，比如邮件、医疗档案、写作文档等；随着互联网和物联网的发展，网页搜索记录、社交媒体状态、图片、视频等也纳入其中。数据的多样性，也同样体现在数据来源及数据应用过程中。例如一个人的信用记录就不仅仅来源于银行，而是来源于银行、保险公司、公安系统、就业单位等所有与生活和工作相关的地方；同样，运用个人信用记录的地方也并不单一，现实数据总是多样化存在的。

4. Veracity（真实性）

大数据的真实性也被称为价值密度低。数据价值密度低是非结构化大数据中的重要属性；大数据的出现，开启了全新的全数据时代。在过去，我们要获得春节联欢晚会的收视率和好评度，只能采用电话随机采访的抽样调查；而现在，基于互联网等技术，我们可以直接从智能电视和电脑终端获取全部的收视数据。在抽样时代，数据量小，每个数据都显得很重要，存在随机抽样带来的偏态风险；而在大数据时代，“样本=总体”，数据的价值密度变低了，但每一个数据都是对真实世界的无偏刻画。

1.1.2 大数据的产生：计算机与互联网技术的发展

没有计算机与互联网技术的发展，就没有如今轰轰烈烈的大数据时代。

随着移动互连、云计算、物联网的不断创新，大数据也将更加显现其在现代商业社会的统治力。

第三次科技革命以信息技术发展为核心标志。人类社会的发展从没有像今天这样日新月异、推陈出新，这一切都来源于信息技术的推动，更准确地说，是来自计算机技术的快速发展和互联网应用的成熟。从 1946 年 2 月第一台计算机在宾夕法尼亚大学诞生开始，计算机技术革新的脚步就不曾停驻。根据摩尔定律，集成电路芯片上的电路数目每 18 个月就会翻一番；直观地说，微处理器的性能每 18 个月就能提高 1 倍；而随着光纤系统的应用，数据传输更加快速，数据存储更加廉价，20 世纪 60 年代存储 1MB 数据的价格为 1 万美元，而现在存储 1GB 数据只需 1 美分[①]。20 世纪八九十年代，随着苹果公司、微软公司的发展和成熟，微型计算机走入人们的视野，这时的计算机易于携带、运行稳定、价格便宜，计算机真正地走进了人们的生活。到今天，质量超级轻、体型超级小、速度超级快成为计算机的显著标志，移动计算机成为人们工作生活中的必需品。现在，最快的计算机——天河二号的运行速度已经达到了每秒 5.49 亿亿次，相当于 13 亿人同时使用计算器计算 1000 年；即使普通手机的计算速度，也已经是最初的计算机的数千万倍。总之，计算机技术飞跃性地发展，改变了人们传统的数据收集和数据处理模式，人们获取数据、处理数据的能力得到极大提高。

1969 年，美国国防部为了应对战争开发出最原始的局域网；1983 年，TCP/IP 协议的研发成功和推广，则形成了 Internet 的雏形；1991 年，美国的

① 罗明雄，等．互联网金融．北京：中国财政经济出版社，2013.10.

三家公司宣布将 CERFnet、PSINet 及 AlterNet 网络组成了“商用 Internet 协会”(CIEA),向客户提供 Internet 联网商业服务,则开启了互联网时代。Internet 商业化服务提供商的出现，极大地促进了商业服务的发展，Internet 在通信、资料检索、客户服务等方面的巨大优势，使得它被世界广泛接受。自此，世界步入了互联网时代。2008 年起，云计算（Cloud Computing）的概念逐渐流行起来，并被大众所接受。云计算被大家叫作“革命性的计算模型”，有了云计算，加上互联网的嫁接功能，超级计算能力便能够像商品一样自由流通。企业与个人即使不投入成本购买昂贵的硬件，只通过互联网购买相应服务，便能获取超级计算能力。云计算让用户脱离技术上的复杂性而获得应用，摆脱了硬件、软件的约束。云计算成为大数据（或称为云数据）的基础架构和 IT 基础，人们可以随需自助服务，随时随地运用任何网络设备访问、共享数据。基于 Web 服务、以互联网为中心、实现全球资源共享的云计算，将人们推进到真正的移动信息时代，成为信息时代又一个强劲的增长点。

互联网的快速发展已经成为当今世界不可阻挡的洪流，它不仅改变了传统的信息、数据传播方式，更深刻地改变了人们的生活传统。互联网的普及和发展所引发的不仅仅是一场突飞猛进的信息革命，更是一场前所未有的深刻社会变革。从此，人们获取信息变得更加容易，足不出户便可以了解世界的新闻；人们的沟通更加便捷，邮件、Facebook、微博，这些网络工具将人们时刻联系在一起；人们的消费与购物方式也摆脱了物理形态，坐在电脑前或者仅仅利用手机上网，便可以从上万种商品中快速筛选出喜好的产品，通过网络支付，只需几秒钟就能实现商品交易。

大数据与计算机、互联网发展相辅相成。计算机与互联网的快速发展使得大体量数据传播和存储得以实现，数据的来源得到极大的丰富，形成了源源不断的信息流；而大数据的信息流又通过社会生活和商业模式变革反向牵引着资金流和物流的发展，推动计算机与互联网技术的进一步跨越。大数据与计算机、互联网紧密地联系在一起，缺一不可。

1.1.3 大数据与社会变革

社会变革是科技创新的产物，蒸汽机的发明和电力的广泛应用将人们带进了工业社会，计算机和互联网的成熟则使人们进入了信息社会。而现在，基于 Web 2.0 的移动互连、物联网、云计算，则将开拓全新的大数据时代。大数据业已改变我们传统的认识和对待事物的方式，无论在医疗、商业、金融，还是教育、气象、军事等领域，大数据对于现代社会基因的改变是全方位的。正如维克托所言，“大数据已经撼动了世界的方方面面”。

2009 年，结合了禽流感和猪流感特性的 H1N1 型流感病毒出现，并在几周之内在美国各地传播，引起了社会极大的恐慌。公共卫生部门的当务之急是找到病毒的爆发地点并采取相应的对策。预测病毒爆发地的传统方法是依据各医院医生提供给疾病控制预防中心的病例报告，但这存在严重的时滞，因为人们只有在身体已经出现明显症状后才会到医院就诊，并且疾控中心的数据汇总频率也非常低。这样传统的方法效率极低，使得公共卫生部门在能够控制病毒爆发的关键时期有心无力。但是谷歌公司却在 H1N1 爆发前几周，就准确预测了流感的爆发，他们不仅成功预测了病毒在美国爆发的时间，甚至将精度精确到特定的时点和地区。这一结果令社会公众和公共卫生部门震惊。这正是运用大数据的结果。谷歌每天都会收到超过 30 亿条搜索记录，这些数据都被完整地保存下来。谷歌数据分析师将特定时间段的数据进行处理，尝试了约 4.5 亿个模型，检测了特定检索词条与流感传播的相关关系，发现最好的预测模型与疾控中心公布的数据吻合率达到了 97%。因而，谷歌可以依据自己的模型，按照实时收集的搜索数据，对流感的爆发地、爆发时间、严重程度作出非常精确的估计。谷歌的成功，完全是大数据的功劳。

大数据不仅改变了公共卫生领域，更彻底颠覆了商业、金融等领域。商业机构可以获取人们在网上的搜索记录、购物记录，从而得到人们的购物倾向；金融机构可以依托人们的购物消费记录、借贷记录，从而准确地对个人的信用状况进行评估；股票分析师甚至可以从人们社交网站上的文字提取出个人情绪，进而预测股市的涨跌；政府也可以从人们的网上言论即时分析社会稳定状况，甚至通过大数据的概率预测，判断某个人接下来将要做什么。

大数据给我们的社会带来了实实在在的改变。

1.1.4 大数据与思维变革

大数据对社会的变革是显性的，推动这种变革的动力来自于大数据对人们隐性的思维变革。从重要性来看，思维的变革甚至比社会的变革更加重要，因为思维的转变是社会变化的源泉。思维的变革体现在以下几个方面。

1. 世间万物都变得可量化

记录信息的能力是原始社会和现代社会的分界线之一。早期文明最古老的工具是基础的计算和长度、重量的计量。几千年来，数据的二维记载方式一直延续下来，但并没有太大改变。在如今大数据的时代，可量化的不仅仅是陈旧的统计数据，一切文字、声音、影像、方位、情绪乃至思考都变得可以量化。谷歌数字图书馆将图书进行扫描，并运用光学字符软件设别系统，使得每一个字符都变得可搜索。前者使得图书数字化，可以供人阅读；而后者则真正实现了文字的数据化，使得文字可以被搜索、被分析。从此人们不用再面对浩如烟海的文献不知所措，仅仅单击鼠标就可以看到所需的文献。同样，人们的声音、影像乃至思考等都被解码成为一定的数据进行存储，数据化使得分析变得更加容易，人工智能得以实现。用声音控制手机开关、刷脸进门早已不是新闻，而让电子设备跟随人的思考进行运转，不久也定会成为现实。在大数据时代，世间万物都“活”过来了，成为随时可供我们运用的大数据。

2. 数据抽样将成为历史，全样本时代再度来临

也许很多人并不知道，统计学兴起不过三百余年，在 John Graunt 发明统计学之前，诸如人口普查等统计工作都是按照全样本进行的。统计学发明之后，因为极大地降低了获取样本的数量和成本，简化了数据分析过程，所以得以广泛使用至今。但是，采用样本推断总体难免出现偏差，抽样的随机性很难保证，单个异常值也对总体推断造成很大的偏误。如今，在这个大数据时代，获取全样本已经变得可行，互联网使得获取信息的成本非常低廉，而计算机的发展也使得处理大规模数据不再是难事。

如前文所言，数据的丰富使得单个数据的价值密度变低，也使得数据变得混杂不精确；然而，这是大数据时代必须接受的现实。抽样时代，数据的精确性是第一位的，因为任何极端值的出现都会对结果造成很大的影响，所

以我们会利用各种方法保证抽样的随机性；然而，在大数据时代，我们运用“概率”说话，少数极端值并不会对分析结果有明显的影响，为了获取足够多的数据，我们只能放松对于精确性的要求。

3．相关性可能比因果性更重要

科学探究是为了发现真理，也就是寻求因果关系，利用大数据分析事物的因果变化显然也是大有裨益。但在更多的时候，人们运用大数据可能仅仅知道“是什么”就足够了，而不必计较“为什么”。尤其在商业领域，企业只要能够从大数据分析中知道消费者喜欢哪类商品就足够了，而没有必要也没有时间去研究消费者偏好背后有什么特殊原因——虽然有的时候了解这种原因也可能会带来额外的商业利益。零售巨头沃尔玛通过分析大量的历史销售记录，发现季节性飓风来临之前，不仅手电筒销售量增加，而且 POP-Tarts 蛋挞销售量也相应增加，因而每当季节性飓风来临时，沃尔玛就把蛋挞放到飓风物品相关的位置。这给它带来了很大的商业利润。你很难运用因果关系去解释这种现象，人们担心飓风破坏电力设施增加手电筒购买，这是可能的因果关系；然而，人们为什么单单大规模采购蛋挞而不是其他食品，显然难以用因果关系去分析。沃尔玛也并不关心这种因果关系，这种分析一来耗费大量的时间和金钱，二来对销售无益；它只需要知道，在飓风来临之前，人们需要蛋挞，这就已经足够了。

4．大数据预测讲求时效

数据分析的核心作用在于对未来作出预测，预测对于时效性的要求显然十分苛刻。尤其在商业领域，时间就是金钱，效率就是生命。数据分析滞后，那么预测将没有任何意义，就像之前流感病毒的例子，如果等到流感病毒已经全面爆发，那么预测就一文不值了。所以，在大数据时代，对于计算能力的要求非常高。

1.2 大数据金融

我们要着重研究的是大数据对于金融行业的影响。近年来，互联网的兴起，彻底颠覆了传统的商业模式，阿里巴巴、京东等网上购物平台，已经成为人们生活中不可缺少的部分。2013 年 11 月 11 日这一天，淘宝网销售额突破 350 亿元人民币，是“十一黄金周”期间上海所有大中型商业企业总营收的 5 倍，是零售巨头沃尔玛在中国市场 7 个月的销售额。网上购物平台的产生，形成了无边界的物流平台，实现了信息流在时间和空间上的整合，大数据应运而生。以大数据形式存在的信息流，又推动着商业模式的不断发展和创新。

大数据既是互联网商业变革的结果，也是其发展的动力。那么，大数据下一个要攻城略地的地方在哪里？一定是金融！金融是现代经济的核心，纵观世界强国，国家的经济繁荣无不伴随着金融的创新；金融行业利润丰厚，一切资本和先进技术都希望融入其中，获取回报。金融的本质是“资金融通”，实现市场资金由货币盈余方向获取赤字方的转移。大数据金融依托海量数据，通过云计算等信息化方式对数据进行专业的挖掘和分析，从而比传统金融模式下更好地判断资产价格走势、评估机构个人信用、分配资金流向、控制金融风险。

1.2.1 大数据金融的理论基础

大数据金融的经济学基础主要有三个方面：信息经济学、金融中介理论和金融功能理论。

1. 信息经济学

信息经济学主要研究信息不对称对于经济活动的影响。斯蒂格利茨、阿克洛夫、斯彭斯等指出，在市场经济活动中，市场参与者对信息的了解是有差异的；掌握信息充分的市场参与者，往往处于比较有利的地位，而信息匮乏的一方，则处于不利的境地。市场中卖方比买方更了解商品的信息，信息不对称决定了竞争是不完全的，私有信息对交易有着重要作用。就像旧车市场一样，卖方显然掌握着更多的车况信息，而买方则知之甚少；在买方愿意提供的价格水平下，只有车况差的车主愿意卖出车辆。这样的交易结果是买方受损，市场上成交的都是车况较差的车辆，即“差车驱逐良车”。

金融业是经营和化解风险的行业，金融业的风险主要来自客户信息的不完全和不对称；因而，金融业的演进与信息技术的创新关系密切。众多研究业已表明，金融市场并不是有效市场，信息不对称在金融市场上广泛存在，比如股票发行方和认购方对企业信息掌握不同，又比如银行的借贷双方对借款者信用状况掌握不同。信息不对称导致了事前的逆向选择和事后的道德风险。以借贷为例，申请固定利率贷款的人大多是信用状况较差的一类人，而申请到贷款后这类人也有更大可能违约。大数据金融为解决金融市场的信息不对称问题提供了很好的路径，通过对大量的、跨领域、跨时期数据的分析，可以寻找其中的某些规律以作出更好的决策。比如通过对银行全部借贷数据进行分析，找到违约率最高的人的共同特征，例如教育程度、父母婚姻状况、所在地区发达程度等，以针对性地减少对这类人放贷或者添加附加条款。

2. 金融中介理论

金融中介理论认为，金融中介的主要作用是生产、传递和处理信息。在过去，我们主要依靠银行、券商、保险等传统金融中介机构收集信息。但在大数据时代，信息的来源渠道得到极大拓展，通过互联网工具，每一位互联网用户都能成为信息源，尤其是网上购物、网上支付、网上金融产品交易的行为，更是为金融活动提供了源源不断的数据流。掌握了用户大数据的企业具备了成为新的金融中介的基础条件。从信息传递和处理方面来看，大数据企业也与传统金融中介形式存在显著差别。传统的金融中介沉淀了很多的信息，但一方面并没有有效传递到社会中，另一方面更没有有效地进行挖掘。比如个人的借贷记录、信用情况，只存在于个体银行或者央行的征信系统中，这个征信系统并没有对社会上其他部门开放；在数据处理上，这些借贷情况都只是碎片状的，很少与其他数据库（如交通违法、消费记录）关联，很少与借贷者其他个人信息相关联，金融机构也缺少相应的意识和手段对自身掌握的数据进行深度挖掘。基于大数据的新中介有可能改进这一缺陷，大数据基于互联网，互联网本身就是自由和开放的，因而数据的获取、传输变得更加容易；这些新中介相比于传统金融中介的优势就在于数据分析和运用，在数据处理上显然会有更大的动力。我们可以看到诸如阿里巴巴、京东、百度等掌握大数据的企业，已经有了成为新金融中介的趋势，开始涉足金融领域，一旦获得金融牌照，它们将成为新的金融中介机构。这类新金融中介显然与传统中介不同，它们所掌握的数据量庞大、丰富，涉及每个人的工作、学习、消遣乃至情绪、思考。通过对大数据的有效分析，能够有效地评估个体和企业信用、预测市场波动、分散非系统风险、匹配借贷资金期限。阿里巴巴小企业信用评价系统“诚信通”、“余额宝”基金运作，就是基于大数据的杰作。

大数据的出现，将改变我们对金融中介的传统认识。大数据基础上的互联网金融中介，可能取代传统以银行为主的金融中介而形成金融再脱媒的现象。毫无疑问，大数据金融拓展了我们对金融中介的认识边界，丰富了金融中介的内涵。

3. 金融功能理论

金融功能理论对应于金融机构理论而存在。金融机构理论认为，金融市场主体和金融组织是稳定的，并有相应的金融法律来对金融主体进行监管；现有金融机构和监管部门都要维护原有组织架构的稳定性。这就类似于“分业视角”，将金融市场划定为银行、证券、保险等行业，依据行业对金融市场进行监管。金融机构理论的缺陷在于没有认识到当社会环境和技术条件发生快速变化时，金融机构组织也会发生相应的变化，跨行业的金融产品和模式接连出现，而监管却跟不上这种变化。据此，Merton 和 Bodie 在 1993 年提出了金融功能理论。金融功能理论认为：第一，金融功能比金融机构有更大的稳定性；第二，金融功能比金融机构更加重要，实质重于形式。

Merton 等总结了金融的六大功能：① 跨时期、跨区域配置资源；② 提供支付、清算、结算；③ 有效的风险管理手段；④ 价格发现；⑤ 储备资源和所有权分割；⑥ 提供激励机制[①]。大数据金融与此六大功能是完全耦合的。第一，大数据金融凭借对大数据信息流的分析和挖掘，完善了信用评价机制和资金监控机制，将资金运用到效率最高的地方，降低了信息不对称性，降低了交易成本。尤其在中国，通过大数据的信用评价机制，为信用良好的小微企业和个人提供金融服务，能够起到更好的资源配置作用。第二，大数据技术也替代并改进了金融支付清算的功能，诸如支付宝类的支付工具，能够更加便捷、快速地提供支付清算，实现即时支付、即时结算。第三，正如前文所述，通过对大数据模型的分析，能够即时发现市场异常波动的存在，并立刻给出警报，这能够给风险管理提供更加精确和科学的方法。第四，大数据的存在，为价格发现提供了天然的土壤，因为有了大数据和计算机技术的支持，套利活动得以随时进行，套利活动消除了市场非理性的存在，进而成为资产价格发现的基础。第五，大数据金融和传统金融一样，通过股份化实现了资源储备和所有权的分割，通过期权等提供了激励机制；在这两个功能中，依托于互联网的信息传播和大数据的深度挖掘，显然能够比传统模式做得更好。

1.2.2 大数据金融模式

按照大数据金融服务所处的环节，可以把大数据金融划分为平台金融模式和供应链金融模式[②]。平台金融模式指平台企业利用自身掌握的大数据，

① 兹维·博迪，罗伯特·C·莫顿．金融学．伊志宏等，译．北京：中国人民大学出版社，2000.10.

② 罗明雄，等．互联网金融．北京：中国财政经济出版社，2013.10.

通过互联网、云计算等信息处理方式对数据进行专业挖掘，再与传统金融服务相结合，为平台企业提供资金的融通、结算等服务。平台模式的典型代表是阿里金融，腾讯及三大电信运营商今后也很可能涉足此领域。供应链金融模式指供应链条中的核心企业依托自己的产业优势地位，通过对上下游企业的现金流、订单、购销流水等大数据的掌控，利用自有资金或者与金融机构合作，对上下游合作企业提供金融服务。供应链金融模式的典型代表是京东商城。

1. 平台金融模式

平台金融模式依赖于自身交易平台众多商户经营活动中的大数据，平台方可以利用这些大数据进行数据挖掘，从而向平台上的商户进行快速信用评价、授信服务。平台金融模式的优势在于，平台方掌握了商户大量的交易信息，对于商户可谓知根知底，对商户的客观了解甚至超过商户自身。金融的核心在于信用评估，或者说在于管理风险；这种基于大数据的精确信用评估，能够有效地解决风险控制问题，降低还账率。依托稳定持续的大数据和先进的云计算技术，系统能够自动地进行信用评价和授信，借贷流程完全能实现流水化，这在提升效率的同时也降低了运营成本。

2013 年 5 月 18 日，阿里小贷在 2 小时内，就为 1.8 万的淘宝小卖家提供了 3 亿元的信用贷款；在贷款过程中，没有任何信贷人员的介入，也没有要求任何担保或者抵押；从后期统计来看，不良贷款率只有 0.9%。能够实现这样的快速、高效、安全地放贷，完全依赖于阿里巴巴平台拥有的商户大量历史数据，通过计算机对大数据的挖掘，阿里小贷实现了快、准、稳的金融服务。截至 2013 年 9 月，阿里小贷已经累计为 40 多万小微企业提供了金融服务，提供的资金超过 1000 亿元。

2. 供应链金融模式

供应链金融于 19 世纪在荷兰出现，到 20 世纪末逐渐成熟。在一个完整的供应链条中，各个节点的资金状况良莠不齐，某个节点的资金匮乏可能导致“木桶效应”，使得整个供应链条效率降低。在这种情况下，供应链金融发挥了极大的功效。依托于某一个实力雄厚的核心企业，以自有资金或者联合金融机构对整个供应链条的参与者提供金融支持和服务，满足了产业链的协调发展；在这个过程中，核心企业依托自身数据能够对产业链中的企业进行较好的风险评估。

传统的供应链金融只针对某个特定的产业链条，其运作相对简单和“感性”；大数据视角下的供应链金融涵盖的面则非常广泛，而且依赖于精确的数据“理性”。京东是大数据供应链金融的典型代表，京东依赖自己掌握的各个类型、各个行业、各个地域的关联企业的海量交易数据，通过数据挖掘评价企业信用、资金运用状况，进而联合银行等金融机构为这些企业提供金融支持和服务。京东在供应链金融中发挥了对上游企业信息收集、信息挖掘、信用评估的作用，进而向银行提供担保。

京东的供应链金融是京东与银行、供应商的双向深度绑定。从供应商的角度而言，要获得京东的金融服务，必须与京东有长久的支付、物流业务，从而形成信息流；从银行角度而言，借助京东的大数据，能够实现对企业快速、精准的信用评价，从而提高资金流的效率。这是一种多赢的结果，通过物流、信息流、资金流的整合，每一方都能从中获得巨大的收益，1+1+1>>3。这也是为什么许多电商平台急于涉足金融，而金融机构要涉足电商的原因。

以上我们是依据大数据所处环节解析大数据金融模式；我们也可以依据行业进行划分，分别考察大数据在金融、证券、保险中的作用；也可以依据产品模式来探究大数据在 P2P、第三方支付与货币市场基金、众筹等新金融模式中的作用。无论用哪一种方法，我们都能得出这样的结论：大数据已经改变了传统金融的基因。

1.2.3 大数据对金融业态的影响

大数据对于金融业态的影响是深刻而全面的。其一，在大数据时代，数据将成为金融机构的核心竞争力。掌握了用户数据，就可以很好地解决信息不对称问题，可以随时监控风险，数据将成为金融机构的核心资产。其二，金融再脱媒将加剧，金融业加速洗牌。诸如阿里巴巴、京东这样拥有大数据的企业，一旦获得金融业务许可，势必借助互联网直接开展相关金融服务；其成本低廉的优势，快速便捷的优势，势必给传统金融行业带来冲击，加速整个金融业的洗牌。其三，传统的业务形态势必发生改变。对企业或个人的风险管理，将不会重于抵押、质押资产和人工调查，而更加注重依据大数据进行综合分析，数据与模型的作用进一步显现。大数据金融的时代即将开启。

1.3 大数据，大挑战

大数据为我们理解世界、预测未来提供了极大的便捷，然而大数据并不是完美无瑕。在大数据时代，我们面临的最大问题就是个人隐私保护。在这个一切可量化、一切可记录的时代，人们无处遁形。我们在哪里散步、出差住在哪里、花钱买了哪些东西、银行有多少存款、手机号码是什么、最近心情怎么样，都被网络忠实地记录下来并存储于数据库；一旦数据被泄露，我们的隐私将被众人所窥探。更可怕的是，我们并不知道谁掌握了这些数据，谁又在运用这些数据。浏览购物网站后，网页自作聪明向我们推荐商品，有时这给我们带来便利，有时却让我们感到惊恐和愤怒。

大数据时代我们面临的第二个问题是思维能力的丧失和对人类情感的漠视。有了大数据，我们可以知道未来一周天气怎么样，判断宏观经济下个季度的走势，也可以预测一个劣迹斑斑的人下一步想要做什么。然而，我们关注到了事物背后的相关关系，却放弃了对因果关系的探索，放弃了对逻辑的思考，放弃了对人类情感的信任。数据代表着过去，而思考才代表着未来，思考是人类区别于低级动物最重要的标志。经济走势可以通过数据得以预测，但用哪一些数据进行预测更应该来自逻辑的推导；一个有不光彩过去的人可能有更大的概率去实施犯罪，但“回头是岸”的例子比比皆是。

大数据时代我们面临的第三个问题是大数据的偶然错误带来的严重后果。比如在金融投资中，基于大数据的自动化投资能够帮助我们套利，但也可能因为小的技术故障而带来严重的后果。“8·16”光大事件就是一个很好的例子，基于大数据的策略交易系统的设计缺陷，导致系统生成巨额订单，给整个市场带来巨大的波动，数以亿计的投资者遭受损失。大数据往往和自动交易程序紧密相连，一旦程序错误，其本身并不会停止运行，产生的后果是难以估量的。

我们并不否认大数据的巨大作用，只是强调在获取和运用大数据的时候，并不能忘记道德、漠视法律、遗忘思考。大数据是一种资源，也是一种工具；它开启了人类发展史上又一次重大的转型，为我们的生活、工作及思维带来了新的变革。我们应该让大数据发挥它本身的作用，但应该记住大数据只是提供参考答案，而不一定就是真理。在这个大数据的时代，我们应当怀有谨慎和谦恭，不忘人性的力量、思考的天性。

第 2 章 大数据与银行

近年来，随着电信业基础设施的逐步完善，中国的互联网行业获得较快发展。截至 2013 年末，中国互联网上网人数达 6.18 亿人。在互联网基础服务领域，如电子商务、社交网络、在线搜索等，已经形成了阿里巴巴、腾讯、百度三家大型企业占主体地位的市场格局，并且不断有新产品、新服务推出，同时一批中小型互联网企业在各自的细分领域获得成功。互联网行业已经在许多领域对传统行业产生巨大影响，如出版业、零售业等。在此基础上，互联网公司推出的大数据金融产品对传统的商业银行产生了冲击。

根据中国人民银行的定义，互联网金融是互联网与金融的结合，是借助互联网和移动通信技术实现资金融通、支付和信息中介功能的新兴金融模式。

在当前中国的金融体系中，商业银行仍占主体地位。根据 2013 年上市银行年报统计，16 家上市银行共实现净利润 11 659 亿元，相较 2012 年的 10 269 亿元，净利总额增长 13.54%，与之前两年 15%以上的增速相比虽略为放缓，但盈利仍具有较快增速。商业银行较高的盈利水平已经引起社会的广泛关注。造成这一结果的主要原因是存贷利差，相比于商业银行以中间业务为主要收入来源的成熟金融体系，我国过去的银行主要利润来源仍然为存贷利差。

利率市场化是我国金融市场建设的重要目标之一，正在积极推进的过程中。目前中国在货币市场和债券市场的利率已基本实现市场化，Shibor 利率基本实现市场化运行并且成为利率定价的基础利率。在存贷款领域已经于 2013 年 7 月全开放金融机构贷款利率管制，只有存款利率上限仍未开放。

事实上，影子银行成为推动利率市场化的隐性力量。银行理财、信托产品、保险债权计划等在内的一系列理财工具，都在以不同的形式实现利率市场化。截至 2013 年年末，住户存款余额 44.5 万亿元，同比增长 8.5%，增速下降 8.1%，居民存款理财化趋势明显，银行存续理财资金余额 9.5 万亿元。

2.1 大数据金融与商业银行的特征对比

大数据金融与商业银行在下几个方面具有各自的特征。

2.1.1 业务来源

目前的大数据金融业务主要由龙头互联网企业推出，各自依托于现有的技术资源和用户资源，在此基础上开展业务。大数据金融的载体是各互联网平台，如支付宝、微信等，从营销到服务完全在互联网上开展。

商业银行的历史悠久，其现有的业务模式是随着商业的发展逐渐演进而来的。商业银行在我国的金融体系中占主体地位。商业银行的客户基本上来自线下工作人员的营销活动。

2.1.2 经营风格

快速创新是互联网行业的一个重要特征，大数据金融继承了这一特征，可以较快结合互联网发展，推出新业务。大数据金融正处于起步阶段，受到来自监管部门的压力较小，这客观上促进了大数据金融的创新。

而商业银行作为一个历史悠久的传统行业，由于业务的特殊性，具有公共特性，其经营策略上偏保守，稳健经营是其重要特征。

2.1.3 成本

在获得客户的成本方面，互联网企业具有一定的优势。互联网企业可以迅速将已有的注册用户较为方便地转换成其金融产品用户，支付宝平台对余额宝的爆炸式增长有非常大的促进作用，微信在余额宝之后推出的理财通同样获得了快速增长。而商业银行很难有如此的转换能力，往往需要以较高的成本引进客户，在线下广泛分布的营业网点是银行的主要营业场所，银行往往具有较好的公众形象和信用，但实体经营中需要大量的房租、人力成本支出。

计算机代码的可复制性较强，研发完成后传播运行成本较低，互联网产品在研发中主要为人力成本，一旦产品推出，主要支出为服务器运营成本。商业银行在此方面的成本较高。

2.1.4 门槛

大数据金融产品几乎没有资金规模门槛，无论金额高低均可以获得服务，如余额宝的最低购买金额为 1 元人民币，几百元的资金需求也可以从 P2P 平台上融资。而传统银行在客户选择上“嫌贫爱富”，往往信用记录良好的个人和企业可以优先获得银行的优质服务，而信用记录少的个人和小微企业则很难从银行获得服务或贷出资金。

2.1.5 大数据的使用

传统商业银行对用户的信用记录主要依赖于用户在支付过程中留下的支付记录，以及接入的人民银行征信系统的传统数据库。

商业银行分析客户的方式较为传统，且分析的信息并不是非常全面，商业银行目前可以接入人民银行个人征信系统，根据有限的信用记录对客户进行评测。

互联网企业可以通过收集、分析大量用户在线行为记录对用户进行评估，借助于大数据技术，互联网企业可以更全面、准确地掌握资金、用户整体情况并更好地对个人进行分析。

2.2 目前几种大数据金融模式对商业银行业务的影响

目前已经形成的大数据金融模式主要包括以下几种：

（1）以支付宝为代表的第三方互联网支付。

（2）以余额宝为代表的互联网货币基金。

（3）P2P 贷款（含阿里金融）。

（4）网络众筹等。

在上述的业务模式中，前三种与商业银行有较紧密的联系。

2.2.1 以支付宝为代表的互联网第三方支付对银行的影响

交易中的一个关键是信用问题，在线上交易中，信用问题尤其突出。支付宝作为第三方担保服务，允许交易双方先将资金冻结在支付宝账户中，直到交易双方均确认后才将款项支付给卖方。

商业银行的信用证业务与支付宝的原始功能内在逻辑一致，而信用证一般应用于大额的国际贸易，不为交易量很大但交易额小的普通交易服务，支付宝利用其互联网产品的可复制性为淘宝等小额交易提供担保服务，逐渐成为中国互联网交易中占据绝大市场份额的第三方担保工具。

支付宝类担保工具的出现大大促进了中国电子商务的发展，淘宝、天猫等交易平台 90%以上的市场占有率都是以支付宝为内在支撑的。

通过了解支付宝的发展历程可以发现，其已经由原来的第三方担保工具逐渐扩展其支付功能，并且在一些渠道获得用户的较大规模使用，而且余额宝所吸引到的大量用户均有可能转变为潜在的支付功能用户。由于在使用支付宝的资金归集过程中需要支付手续费，用户的交易行为可以为支付宝直接创造利润，并且也将用户流引入其互联网服务而提高阿里集团的用户量。目前，支付宝正逐渐扩张其内部功能而成为一种类银行卡的支付工具。

为提高支付效率和用户体验，支付宝推出了“快捷支付”功能，即通过初次性绑定银行卡即可在之后的交易过程中不再需要操作较复杂的网络银行软件进行支付，大幅提升了用户体验。支付宝类互联网支付工具已经具备网络交易电子钱包的雏形。目前中国主要的互联网支付手段有支付宝、财付通、银联在线等。

由于各银行的网络银行不同，服务标准不统一，甚至没有手机银行客户端，各银行并不能为客户提供统一的服务框架，如一般用户通常只使用一家商业银行的网络银行。因此银行的网络银行在用户覆盖和功能操作方面都与支付宝具有一定的差距。

支付宝作为独立支付工具，随着其所支持支付场景的增加，其许多功能对传统的网上银行有替代性。网络银行的核心功能——支付功能有被支付宝替代的可能。这种趋势将使银行成为支付宝的“存款入口”，之后的各种功能都在支付宝服务框架内完成，除淘宝网等电子商务交易，日常的火车票购买、公共事业缴费功能也正逐渐推出。随着适用范围的拓展，支付宝已经初步具备了银行卡的功能。由于各银行之间结算费用的存在，客户转账往往需要支付费用，而支付宝在一定额度内不收取费用，免费是许多互联网服务的普遍特征，这对用户而言具有一定的吸引力。

银行卡是由经授权的金融机构（主要指商业银行）向社会发行的具有消费信用、转账结算、存取现金等全部或部分功能的信用支付工具，由于银行卡自身所具有的物理特性，发卡量迅速增长，用卡情况明显改善。在交易中，银联及发卡银行会对卖方收取一定比例的手续费。现有的银联网络在各银行之间建立了联系，商户在使用此网络进行交易的时候支付一定比例的手续费。如果支付宝也能被商户广泛接受，原有网络将被新建立在互联网基础上的交易网络所代替，手续费收入将从银行等传统机构转移至互联网企业。

综上可以发现，支付宝业务的起点是银行的中间业务，即小额信用担保，在此基础之上才逐渐发展成为支付工具，进而对现金交易、银行卡支付进行替代。在培育出用户的支付习惯后，也有互联网企业直接利用大量的用户基础，直接推出互联网支付功能，如微信支付就是一种。

支付功能是货币的核心功能之一，此前支付功能一直是商业银行的一项重要业务，主要载体为银行卡、支票等。而互联网支付的便捷性对传统支付手段具有一定的替代性。互联网支付将对银行的现有银行卡业务等产生影响，或推动其进行业务更新。

2.2.2 以余额宝为代表的互联网货币基金对银行的影响

货币基金主要投向风险小的货币市场标的，区别于其他类型的开放式基金，具有高安全性、高流动性、稳定收益性，具有“准储蓄”的特征。在余额宝等新互联网货币基金出现之前，货币基金在互联网的销售已经存在一段时间，但并没有引起广泛的关注。

通过提供担保服务，支付宝积累了大量的基础用户，同时用户也在账户中沉淀了大量的闲置资金，余额宝的推出正是为了闲置资金提供良好的投资渠道。

以余额宝为代表的互联网货币基金最初是聚集互联网用户账户中的碎片化资金并投入到对接的货币基金中进行管理。目前规模较大的互联网货币基金产品都是以既有的用户量较大互联网产品附属工具推出的，余额宝内嵌在支付宝中，理财通内嵌在即时聊天软件微信中。

根据天弘增利宝2014年一季度的报告，这款基金净值已达5412.75亿元。这也使得天弘基金成为中国第一大规模的基金，并且仍在迅速增长。基金本身并没有特别之处，支付宝所提供的销售渠道是使其规模可以迅速扩张的基础。

如图2-1所示为余额宝和财富宝这两只互联网货币基金的规模变化。

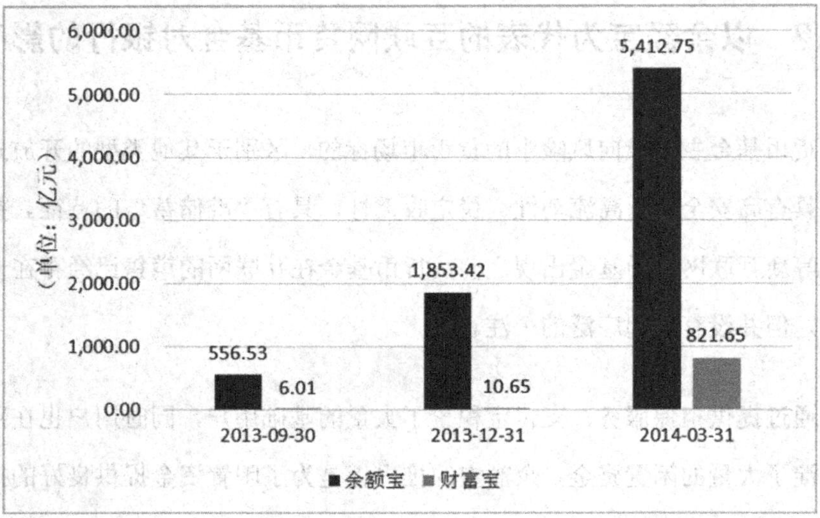

（数据来源：wind，作者整理）

图 2-1　两只互联网货币基金的规模变化[①]

以余额宝为例，其对接的天弘增利宝货币基金 80%的资金是以银行协议存款的形式配置的，其将 5000 万左右用户的碎片资金集中起来形成巨量资金规模，可以在货币市场中获得较高的利息收益。由于产品的用户操作完全在网页端和手机端进行，主要成本在于服务器建设和营销费用，相比于其规模几乎可以忽略。

目前所有的线下渠道无法提供互联网货币基金销售平台所能提供的用户量，同时，线下渠道也没有能力去收集如此大量的碎片资金。这也正是互联网企业相较于传统金融机构的优势。

余额宝产品推出的时机适逢中国流动性紧缩阶段，此时货币基金的年化

① 微信的理财通所对应的主要货币基金产品——华夏基金财富宝实际成立于 2013 年 10 月 25 日，2013 年 9 月 30 日数据实际为成立时数据。

收益率较高，甚至可以达到 7%的近似无风险收益率，对用户具有很大的吸引力。除较高的收益外，支持 T+0 操作使余额宝几乎成为活期存款的“完美替代品”。支付宝通过收集并分析大量用户的交易行为数据，可以预先判断出用户的支取习惯，对资金提前进行配置，有效预防挤兑现象的出现。在 2013 年的天猫“双十一”促销活动期间，大量用户使用余额宝资金购物，余额宝的基金团队通过消费习惯大数据分析，提前安排资金供用户支出，经受住了大额提取的考验，这从侧面证明了余额宝产品管理流动性风险的能力。

虽然 5000 亿左右资金规模相比于银行业的存款总额仍是很小的比例，但余额宝引起了广泛的注意，因为活期存款一直以来是商业银行获得低成本资金的主要来源。除少量的自有资金外，银行的负债业务即资金来源主要是通过各分支机构的营销吸收社会闲置资金，再将资金以贷款的形式放出获得存贷利差收益。目前我国商业银行的大部分利润来自于存贷利差。

由于客户存入银行的资金不是随时支取，银行并不需要随时准备与存款等额的资金供客户提取，而是储备全部存款的一定比例资金就可以应对储户的取款要求。由于我国的金融市场起步较晚，功能不是十分完善，在大多数情况下，投资者并没有一个低风险的投资渠道，将闲置资金存放在活期账户中是大多数人的选择。这也为银行利用存贷利差获得利润提供了基础。较大的存贷利差为银行创造了大量的利润，如果银行不能以较低的成本获得资金，这将影响到银行的盈利能力。

对于天弘基金和支付宝的股东阿里集团而言，余额宝虽然吸引了巨量的资金，但基金管理公司的利润并不高，并且要预支部分资金，结果甚至是亏损状态。这意味着支付宝无法利用余额宝获得较大利润，由于基金的性质，阿里集团也无法占用这笔资金为其创造利润。对于阿里集团而言，余额宝的作用在于扩展了支付宝的功能，并且吸引到大量新的用户使用支付宝，用户在使用支付宝的过程中会为阿里集团吸引流量、创造利润。

目前商业银行也正积极开发含有货币基金的产品，如中信银行已经推出含有货币基金的银行卡，银行卡相比于互联网支付工具有更广的适用性，是线下金融发展的一个新模式，可以预见未来会有更多的商业银行推出含有货币基金性质的产品。

综上，余额宝作为互联网支付工具的附属产品，将原来存在银行获得低利率水平的存款转换为可以获得较高利率水平的货币基金，这是一个将部分银行利润转移给客户的过程，在这一过程中，余额宝中介工具吸引了大量的用户，这部分用户进而成为支付宝的用户。

2.2.3 P2P 借贷及阿里金融

1. P2P 借贷

P2P 网络借贷指的是基于互联网平台，个体与个体之间实现的直接借贷。P2P 网络借贷平台为借贷双方提供信息流通交互、撮合、资信评估、投资咨询、法律手续办理等中介服务，有些平台还提供资金移转和结算、债务催收等服务[①]。

① 中国人民银行《中国金融稳定报告 2014》。

在传统信贷市场中，小微企业受限于自身资信条件，很难从银行获得贷款，银行也很难从此类信贷业务中获得收入。在此之前，此类融资需求很难通过常规渠道获得解决。这形成一个市场空白，而 P2P 借贷可能会填补这部分市场空白。P2P 也是更加体现互联网“人人”属性的互联网平台。

在 P2P 平台上，借款人通过发布借贷金额、利率及期限等信息提出借款需求，放款人可以在平台中通过查看借款人的资信状况而进行判断，然后通过投标的方式借出资金。这一过程的核心在于用户不再需要通过传统金融中介借贷资金，而是以互联网平台作为相关信息的交流渠道并完成资金的借贷，P2P 促成的交易中，往往将资金成本提高到一个较高的水品，可达 10%甚至 20%。

目前 P2P 平台主要有两种模式。

第一种是纯粹的线上模式，即贷款业务完全通过互联网线上促成。此种模式的特点是成本较低，更具有互联网特征，但业务规模也较小。拍拍贷和人人聚财是这种模式的代表。

第二种模式是 P2P 平台结合线下渠道开展业务，宜信和人人贷是此种模式的代表。在此种模式中，P2P 平台建立线下团队，在线下完成业务的搜集和信用审核。这种模式的成本较高，但规模远大于纯线上 P2P 模式。

P2P 实际运作依赖于假设在服务器中的 P2P 平台程序，而价格低的平台程序甚至只需要几万元就可以架设，P2P 平台几乎没有进入门槛。自 2007 年 8 月国内首家 P2P 平台——拍拍贷成立以来，该行业迅速发展，2013 年国内总交易量达 1058 亿元。

P2P 平台构建出了传统商业银行几乎不涉及的市场，是大数据金融的创新。

P2P 平台当前的一个重要问题是风险管理问题，一大批 P2P 平台由于风险管理不到位而破产。目前 P2P 市场的混乱竞争已经接近尾声，一批平台获得 VC 等机构的投资而进入下一轮竞争。尽管如此，P2P 平台仍处于发展阶段，其在许多方面仍有待完善。

2. 阿里金融模式

作为国内电子商务界的龙头，阿里巴巴公司旗下的金融部门结合其既有的电子商务信息平台，推出了较为成熟的互联网信贷模式。

阿里金融目前主要有两种产品：淘宝小贷，针对 B2C 平台，为淘宝和天猫客户提供贷款，包括订单贷款和信用贷款；阿里小贷，针对 B2B 平台，为阿里巴巴上的企业客户提供信用贷款。一种为循环贷：获取一定额度作为备用金，不取用不收利息，随借随还。另一种为固定贷：贷款额度在获贷后一次性发放。

与 P2P 模式中缺乏有效的风险管理不同，阿里金融模式通过其建立既有用户数据库，能够较好地掌握用户的信用信息，相当于构建出具有较高信用水平的用户群，在此基础上开展的信贷业务比 P2P 模式成熟许多。借助于阿里巴巴公司在大数据上的优势，阿里金融可以将坏账率控制在一个较低的范围内（低于 1%）。目前阿里金融模式运行良好，被认为是一种较为成熟的互联网借贷模式。

阿里小贷在借贷业务的基础上通过资产证券化将其小额贷款资产证券化发行，目前对应的券商资管计划已经在深交所上市。通过资产证券化通道，阿里金融的放贷能力被放大。

阿里集团通过对其具有一定信用基础的既有电子商务平台用户建立信用信息库，再进一步开展信贷业务。以目前的运行结果来看，这种模式可以较好地解决互联网上的信用问题，是一种相对成熟的互联网借贷模式。但也应注意到，阿里金融的适用范围存在限制，即借款人必须是其电商平台的用户。

2.3 大数据金融与商业银行的竞争趋势

中国大数据金融正处于起步阶段，但已经获得广泛关注。互联网媒体对大数据金融的发展起到了积极作用，但媒体中对大数据金融的臆想也广泛存在。理清大数据金融和商业银行的竞争趋势十分必要。

以上述三种模式为代表的首批大数据金融服务正从不同层面上对银行发起挑战。虽然商业银行相比于互联网企业较为保守的经营风格在迎接挑战时略显缓慢，同时也应注意到，大数据金融并不改变金融的本质。大数据金融所提供的产品本质上仍然是传统金融所提供的信用中介、资产定价、资产配置等功能。互联网在其中减少了信息的不对称，降低了门槛。作为我国金融市场中的主体，在利率市场化进程已经逐渐深入的条件下，商业银行必然要在阵痛中完成转型。

以下分别从内部和外部两方面来分析大数据金融与商业银行竞争过程中的逻辑。

2.3.1 大数据金融尚未形成较为成熟的商业模式

第一，余额宝及其后推出的理财通等互联网货币基金产品正越来越接近其规模的上限。虽然可以借助大数据、云计算等大规模计算能力对资金的配置进行优化，但巨大的规模仍然使其面临流动性压力。天弘基金已经无力垫资保证余额宝的巨额实时赎回操作。余额宝已经在 2014 年 4 月 24 日发出通知，超过 5 万元的大额赎回将不再享受 T+0 待遇，而变成 T+1 甚至是 T+2。可见面对巨额的规模，即便是互联网龙头企业也无法很好地对此进行配置。而大规模资金的管理能力正是商业银行所擅长的。

随着国内货币市场流动性压力的缓释，互联网货币基金的收益率也在持续走低，同时，商业银行也在对互联网货币基金进行“反击”，银行理财产品已经可以提供相较于货币基金更高的收益率。参照美国互联网货币基金的发展轨迹，利率市场化环境中，互联网货币基金难以长久。

目前商业银行的理财产品已经可以通过其网络银行购买，操作上也较为方便，吸引用户的根本指标是产品的收益率。这一过程中，货币基金的发展加速了商业银行利率市场化的进程，提高了商业银行的资金成本，但并不会对商业银行产生根本性影响。

第二，虽然 P2P 小贷业务是传统金融的空白区，正迅猛发展，但仍无成熟的方案可以（部分）解决借贷过程中的信用问题。在 P2P 服务方面，大型互联网企业涉足较少，而其技术壁垒较低，商业银行作为经验丰富的信用中介，可以在丰富的经验基础上借助互联网平台开展类似 P2P 业务。因此商业银行在开展 P2P 业务方面具有优势。

第三，互联网支付业务方面，互联网企业具有先天的优势，虽然银行业银联组织也已经推出了银联支付业务，与支付宝功能相似，但其发展一直较缓慢，没有获得较好的推广使用。而支付宝的线下支付正在积极推广。虽然支付宝的背后是银行之间的结算，但互联网支付有脱媒的倾向，银行在无法获得相关手续费收入的同时，更无法获得除支付金额外的其他信息。商业银行在此部分将受到实质性影响。

2.3.2 大数据金融还将承受外部的压力

第一，监管层会逐渐完善相关法规，这对相关互联网企业的风险控制将提出较高要求。互联网企业具备的大数据能力较传统的商业银行具有较大优势，资金配置、不良率等监管指标要求对互联网企业而言压力较小。

第二，上文中已经提及，互联网企业一个显著特征就是“赢者通吃”，即在一个领域中，几乎 1～2 家互联网企业控制了绝大部分的市场份额。目前这一特征在大数据金融领域已经有所显现，具有大量用户基础的互联网企业可以较容易地开展大数据金融服务，而小企业除被并购外，生存空间较为有限。

这种模式很容易在“自由”的互联网中产生事实上的垄断，即只有拥有大用户量的企业才能开展大数据金融服务。如果这种模式继续发展，将在大数据金融领域产生比线下金融体系中更为集中的垄断格局（或寡头），非常不利于市场竞争。

支付宝的担保交易服务并不能解决全部的交易信用问题，这是由互联网交易的内在性质所决定的，互联网交易中纠纷的数量并不少，受限于空间的限制，一部分是支付宝无法解决的问题。

目前大数据金融快速发展的一大基础是互联网企业的海量用户基础。互联网企业聚拢海量用户并没有什么问题，但其涉及的部分金融功能具有垄断的嫌疑。以支付宝为例，支付宝服务的平台是淘宝网，淘宝网作为一个大型交易平台，凭借其所提供的优秀服务吸引了用户。但作为阿里旗下的交易平台，用户也只能使用支付宝作为支付工具，在随后的扩张中，由于惯性，互联网用户已经习惯支付宝作为唯一的支付工具，目前除一些阿里集团的竞争对手外，几乎所有的交易都支持支付宝付款方式，而其他公司提供的支付方式很少有应用的机会。

在日常线下交易中，交易者往往可以使用多种支付方式进行支付，比如现金和各家银行的银行卡。消费者可以经过比较选择一种合适的工具进行交易。多种选择促进了各银行之间的竞争。但支付宝作为占有率极高的互联网支付工具，并非完全意义上的第三方工具，而是隶属于阿里集团，并不具有独立性，目前也几乎不受到任何机构的监管。用户一旦在使用过程中出现问题，如果不能通过支付宝的客服部门解决问题，将很难将问题彻底解决，这将使用户处于被动地位，小额损失往往很可能由用户自己承担。

传统支付工具在交易中一直处于第三方的独立位置，而目前的第三方支付工具往往隶属于一家具有广泛业务的互联网公司，有“裁判员”和“运动员”的双重身份。

参考互联网行业的发展规律，一般情况下，只有拥有大量基础用户的互联网公司才可能具备推出大数据金融产品的可能，而中国目前的绝大多数基础互联网账号被阿里巴巴和腾讯两家公司所垄断占有。按照这一逻辑，支付工具也将被这两家互联网公司所垄断，这无形中为其他竞争者设置了一道进入的壁垒，其他潜在参与者将很难再进入这一领域，这一格局非常有可能延续至大数据金融领域。

因此，虽然大数据金融体系还未成熟，但用户格局已经形成，这无论对于大数据金融的后来竞争者，还是商业银行建立互联网平台，都形成了较大壁垒。由于我国反垄断相关法规尚不完善，将对于大数据金融市场的良性发展产生阻碍。

第三，网络安全问题从互联网诞生以来就一直存在，且目前并没有完美的解决方案。支付宝等第三方支付工具以便捷的操作换取新增用户。目前，账户被盗用发生时，一般采取的是用自有资金进行赔付。这种“以风险换用户”的成长模式已经受到来自监管层的压力。2014 年 3 月底，中国人民银行发布的《支付机构网络支付业务管理办法》和《手机支付业务发展指导意见》的征求意见稿，宣布暂停网络虚拟信用卡和二维码支付，其中对个人利用第三方支付账户的转账、消费额度设限。

在现有的央行文件中，互联网第三方支付尚被定位在小额支付的范畴，是传统支付方式的一种补充，直接利用互联网进行较大额度的支付仍被限制在一定范围之内。目前的“被盗用自有先行赔付”并不是一种成熟的风险管理方式。安全问题一直是伴随着互联网服务的重要问题，对于大数据金融而言，安全问题更加突出。

商业银行在建设互联网平台的同时也将面临安全问题，线下的保守、稳健并不能直接复制到网络平台中去。互联网安全已经成为被广泛关注的问题，这需要互联网企业和银行共同努力解决。

第四，实质性创新是大数据金融应有的特征。大数据金融的竞争主要在平台之上，落实到实际操作层面，目前吸引到大量用户的成熟大数据金融产品并不是很多。在“双十一”购物节中，借助淘宝平台销售非货币基金曾依靠当时的流量获得短暂的购买高潮，目前其销售已经十分平淡。

可见，金融产品与互联网平台的简单结合很难产生具有吸引力的产品，具有高流动性的货币基金在线上销售满足了用户的余额投资需求，而传统的非货币基金的互联网销售就并不顺利。可见并非所有金融产品搬到互联网上就可以获得巨大的销量。仅依靠互联网平台的推广是不够的，而商业银行在推广产品时，借助其强大的线下实体网点，其产品往往可以获得较好的推广。

第三方支付与货币基金产品不同，余额宝为货币基金提供了销售渠道，而第三方支付提供的是一个平台，是大数据金融的基础工具，所以也是目前互联公司正在积极争夺的领域。滴滴打车和快的打车这两款出租车叫车软件的疯狂烧钱背后其实是互联网公司用巨额补贴来推广其各自的移动支付服务。然而随着补贴金额降低之后，用户的使用频率是迅速降低的。

叫车软件的流行是由于其巨额补贴，这也使得用户对移动支付的前景产生了怀疑。移动支付是否会很快普及开来，成为人们日常生活的组成部分，仍有待观察。由于大型互联网企业通常都拥有大量现金，在初期可以利用自有资金支持其一些烧钱营销行为，为产品的初期发展垫资，但如果推广的产品确实不适合当前的市场环境，“烧钱”营销不一定会培育出预期的市场。

参照美国等西方国家的已有经验，互联网货币基金可能由于无法维持其较高的利率水平而陷入困境。当前中国金融市场的利率特征是阶段性的，2013 年 6 月余额宝推出之时，正处于金融市场钱荒的大环境下，余额宝可以较容易地提供高收益。目前，货币基金收益率已经在持续走低。

一系列传统行业的分支正在受到互联网企业的替代，如传统平面媒体被互联网替代已经是大势所趋，在线电子商务对传统线下销售也已经产生实质性影响。传统行业业务模式较为简单，原有的商业模式一旦被复制到互联网上，线下业务就会受到很大的影响。互联网业已对金融行业产生极其深远的影响，但金融作为一个特殊的行业，具有复杂的业务结构，如果互联网无法提供真正可持续的创新性产品，今天所谓的大数据金融将在很大程度上只扮演销售员的角色，对于金融业态的进一步发展没有更大的作用。

2.4 总结

通过上述分析可以发现，大数据金融和传统商业银行分别在各自的领域具有优势，二者在一些领域互相冲突，在一些领域互相补充。商业银行可以通过建设互联网平台推广其服务和产品，其也正在积极建设其自身的金融互联网平台，借助于互联网平台开展服务业务，而大数据金融建设线下实体网点的可能性较小。平安集团创办网络金融服务综合平台——陆金所；中信银行已经推出了内置货币基金账户的银行卡产品，实现了线下对货币基金的实时购买，都是传统金融拥抱互联网的尝试。已经被叫停的虚拟信用卡业务也是互联网企业与商业银行合作的尝试。

笔者认为，大数据金融已经对银行产生较大影响，它将持续促进银行业经营模式发生转变，进而促成互联网企业与商业银行的融合。

第 3 章 大数据与保险

2014 年 1 月 15 日，中国保险信息技术管理有限责任公司正式成立，注册地为北京。经过大半年筹备，这家注册资金 20 亿元的全国性保险信息共享平台公司，已经完成了对数十个省级区域建立的车险信息平台系统的接收工作。

作为我国第一家保险业的大数据公司，中国保信的成立使得关于保险业和大数据的讨论再次成为行业热点。近年来，随着大数据概念的提出，其可能带来的对各个行业的冲击和改造吸引了人们的广泛注意。其中，因为保险业对于信息资源的极度依赖，将大数据的思维和处理模式引入保险业成为多数人的共识。

就当前对大数据的定义来说，根据研究机构 Gartner 的解释，大数据被定义为“需要新处理模式才能实现更强决策力、洞察力和流程化能力的海量、高增长和多样化的信息资产”。这也就强调了大数据拥有的几个特征，这些基本特征可以用“4V”来概括：Volume（量级巨大）、Velocity（获取及处理速度极快）、Variety（数据多样性）、Veracity（真实性）。只有同时在以上 4 个方面都具备了大数据特征的信息资产才能被称为“大数据”。

3.1 大数据对传统保险理论的影响

3.1.1 大数据对保险定价机制的影响

保险业是一个经营风险的行业，现实生活环境中不确定性的存在是保险业赖以存在的基础。风险的聚集与分散伴随着财富的聚集与分散成为人类历史的重要部分。具体到保险业而言，它主要处理的是风险尤其是其中的危险的定价问题。在大数据的概念和方法出现之前，保险业传统的风险定价理论都是依据的“大数法则”，即概率论中讨论随机变量序列的算术平均值向常数收敛的定律。

在“大数法则”下，保险产品的定价主要有赖于对于“样本数据”的分析。统计学的诞生极大地降低了人们进行数据分析所需要的样本数量，并在实质上大大减少了进行数据分析，从而优化决策的成本。但是，虽然有着种种优点，这种传统的“样本分析”的方法还是不能尽如人意。毕竟依靠部分样本来推断总体的方法出现误差是难以避免的，尤其是其中还有数据的随机性、独立性问题的存在。随着大数据时代的来临，信息的大爆炸让低成本地获得海量数据成为现实。通过对大数据全样本的分析，我们可以放弃以往以样本推断全体的方法，而直接对全体进行数据分析。

具体到保险业而言，大数据在保险定价机制上面的影响主要体现在对“大数法则”一定程度上的挑战。就像马云在“众安在线”保险公司成立时所说的，未来我们的保险产品定价将不是如现在这样依据保险公司的样本数据库，而可能是源自于对于整个互联网上数据的分析，比如来自社交网络上的文字、图片或者视频信息。在这种情况下，来自于互联网的各种信息就能够在一定程度上实现对于保险公司客户的区分，进而使得保险公司在对保险产品定价时实现最终的区别定价的目标。实现完全的歧视定价策略，将从根本上改变保险经济学的架构。在完全的歧视定价下，所有投保人都将获得一个公平的保险价格，从而所有理性的投保人都将选择进行全额保险，并且由于“柠檬市场”的不存在，逆向选择和保险欺诈也将消失。

当然，上面所说的关于大数据的设想完全是一种理想状态下的情形。在我们现实的环境中，全人类的数据并非是完全共享的，而且鉴于人们隐私权的保护需要，当前的大数据将会是一个个大型孤岛数据，基于大数据的对投保人的完全歧视定价是不可能实现的。但是，在某些具体险种方面，比如机动车辆保险，就可以实现一定程度的差别定价。现在我们的保险公司针对汽车保险的定价主要是依据性别、驾龄、车型和用途等因子，这是一种典型的“样本分析”下通过对因果关系的探求来实现车险定价的路径。在“中国保信”成立后，车险数据平台将实现全国联网，并且一个具有想象力的方案是在投保人的汽车上安装监控装置获得投保人的驾驶信息，如果真能实现的话，通过对大数据的分析，依赖对相关关系的分析，车险的更有效率的歧视定价机制相信很快就会出现。

3.1.2 大数据对于保险去中心化的影响

按照法律关系，保险合同的当事人是保险人与投保人（被保险人），传统上我们一般把保险代理人、经纪人和公估人称为保险中介。但是从实质来看，保险人（一般情况下即保险公司）在整个保险活动中是作为投保人和理赔对象之间的中介出现的。风险和报酬的转移的两端是投保人和理赔对象，而保险人是一个居间协调的角色。在一个典型的保险活动中，保险人首先从广大投保人处收取保费，投保人和被保险人借此将风险转移到保险人处，由此风险和资金都集聚到保险人处，保险人则承诺将在投保人发生损失的时候提供理赔。

保险机构存在的意义在于其功能的实现。在传统保险框架内，保险机构主要起着两个作用：一是利用大数法则通过组合实现风险管理；二是通过专业能力降低信息搜集成本，尽量消除信息不对称。从保险的发展历史来看，互保等保险形式的存在说明保险公司的优势主要在于第二点，即在信息搜集和处理方面。纵观当前仍然存在的一些相互保险的案例，我们基本上得出一个结论，即互保一般只适用于相互熟悉或者同质的投保人。相互保险组织作为一个互助性团体，成员往往对该团体的风险比较了解，能很好地克服信息不对称问题。但是在其他情形中，为了降低克服信息不对称的成本，保险公司尤其是股份制保险公司往往会是一个比较好的选择。

随着大数据时代的到来，信息的搜集和获取成本极大地降低了。在这样的环境下，相互之间完全不熟悉的互助保险投保人只要获得足够的信息披露也可能参与到互助保险中来。这也就是保险业中的 P2P 形式，相互保险公司在这个阶段将成为保险业的主要形式。而且，相互保险公司的主要功能也和以往的相互保险公司不一样，新的相互保险公司的主要任务是进行数据信息的搜集和分析，进而为投保人（同时也是保险人）的决策提供支持。相互保险公司在这样的框架下主要起到了平台和服务提供商的作用。

正如前面所述，保险去中心化，实现保险的 P2P 虽然在实质上更符合保险的本质，但是这种形式要实现还是存在非常大的困难的。一方面，这对广大投保人的保险素质提出了较高的要求；另一方面，平台的安全性及平台人员的专业技能将受到严重考验。保险的专业性使得 P2P 的保险受到很多限制。虽然保险的原理很简单，但是具体的各项业务操作却很专业，保险公司的存在自有其必要性，这也是社会分工的意义所在。

3.1.3 大数据对于可保风险的影响

根据风险管理的原理，任何一种新技术的出现都会让旧有风险弱化甚至消失，同时带来新的风险。新技术的经济界限（Economic Limit）在于新出现的风险量化后不大于旧有风险，这样新技术才会有市场。随着风险管理技术的发展，我们在完成对旧有风险的有效管理之后，新的风险也层出不穷。这些新风险的出现同时也对保险业提出了新的要求。但是，囿于传统保险理论中对于可保风险的约束，当前仍有许多新的保险需求未能够得到保险公司的承保。

根据传统的保险理论，只有同时具备如下条件的风险才属于可保风险：① 损失程度高；② 损失发生概率小；③ 损失具有能确定的概率分布；④ 存在大量具有同质风险的保险标的；⑤ 损失必须是由意外引发的；⑥ 损失是可以确定和测量的；⑦ 损失不能同时发生。在这样严格的条件限制下，可保风险往往集中在一些传统的风险上面。虽然说在保险实务中，随着保险公司资本日渐雄厚，保险新技术不断出现，以及再保险市场的扩大，一些原本不可保的风险已被一些保险公司列在保险责任范围之内。但是总体而言，保险公司提供的保险产品仍然很难满足市场对于风险管理的要求。

之所以确定这么多条件作为可保风险的条件，主要是因为传统保险公司风险管理能力有限。大数据技术的使用在理论上可以极大地提高保险公司的风险管理能力，尤其是在解决信息不对称方面的能力。在大数据的条件下，保险公司可以放宽一些条件，比如损失概率要求有确定分布、大量同质且独立风险的存在等。

3.2 大数据对保险公司经营的影响

“大数据的时代，最大的改变就是对行为科学的革命。”作为一个以人为本的服务行业子行业，保险业唯一符合现实的策略就是主动拥抱“大数据”。这种拥抱不是仅仅体现在营销、渠道或者开发定价等具体的运营环节中，更是体现在思维模式、商业模式和业务链条再造的层面上。在一个以信息和数据为核心的行业中，掌握更强的数据搜集能力和数据分析能力往往就意味着在竞争中处在了优势地位。

3.2.1　大数据对保险业思维模式的影响

随着科技的发展，我们的社会也逐步步入了智能化时代。从最普遍的移动互联网发展到智能家居、智能可穿戴设备乃至物联网的兴起，我们的时代已经处在一个快速数字化的阶段。在实现了文本、图片和视频的数据化、数量化之后，由于类似智能手机等设备的存在，人类的行为也将变得更加能够量化，不管是身体健康指数还是在某个程序上的停留时长都成为人们数据统计的重点。随着各种智能设备的发展，它们已经在很大程度上成为我们身体的一部分，只要能够将这些数据好好利用，对人类行为的量化和预测就将成为现实。

在低成本地获得了海量数据后，我们更重要的一步是对这些数据进行加工处理，而这就需要我们具备大数据的思维。简而言之，大数据的思维主要指：分析全面的数据而非随机抽样；重视数据的复杂性，弱化精确性；关注数据的相关性，而非因果关系；重视数据的时效性。具体到保险业而言，这就要求保险公司在获得了大量低成本的数据信息之后，及时对信息进行分析，并且在分析过程中更加重视数据之间的相关关系，进而在全样本下完成所需要的预测。

3.2.2　大数据对保险业商业模式的影响

在大数据情形下，保险业的商业模式也将发生很大改变。从根本上来说，就是使保险公司的角色由一个产品提供商转化成一个服务提供商。在这一过程中，不同的保险公司之间也将发生分化，进行行业内的进一步分工和协作。以下主要从营销与渠道这个角度说明这一变化。

在我国当前的保险营销体系中，以保险代理人为代表的中介体系贡献了大部分保险业务。此外，目前主要的营销渠道还包括电话销售、银邮渠道和电商等。作为一个新兴的营销渠道，电商渠道虽然发展时间较短，但发展速度却异常迅猛，这也引起了业内人士对于开发电商渠道的浓厚兴趣。

在众多的保险营销渠道中，各营销渠道都有其优缺点。一般来说，保险代理人可以为客户提供更好的保险服务，同时也能在业务过程中获得更多的客户信息，但却存在着成本高昂及员工离职带来巨大损失的可能。电话销售虽然成本低廉，但却存在着业务转化率低及业务开展日渐困难的问题。银邮渠道往往在件均保单保额上面有着巨大优势，但是银行的强势却使得这一渠道的利润很大一部分被银行蚕食，同时银行系保险公司的大量成立更加使得其他保险公司难以在这个渠道获得业务突破。最后是电商渠道，电商渠道主要分成两类，一是保险公司自建电商出售保险产品，二是保险公司与第三方电商企业合作在第三方电商出售保险产品，电商渠道成本低廉而且方便快捷，有着很大的发展空间，但一般认为只适合简单透明的保险产品。

在当前的环境下，我们一般认为电商渠道是发展空间最大的。一方面，电商购物符合现在年轻一代消费者的消费习惯，只需要轻点一下鼠标就可以便捷地实现自身的保险需求；另一方面，正如其他电商企业一样，投保人在网站购买保险时完全可以通过即时通信工具和留言等形式与保险公司进行交流，这样也可以较好地实现保险合同签订过程中保险人对于投保人即被保险人的说明义务。通过电商售卖保险产品的优势是非常明显的，除了成本低廉、可以发挥保险代理人的职能之外，通过对客户在网页上的聊天记录、点击行为和各个选项停留时间等信息的数据化处理，保险公司还能够对投保客户的行为模式、购买偏好及思维习惯等有进一步的认识。而且相比保险代理人从投保人处得到的反馈，这些最直接的信息往往有着更高的价值，这对于后续产品的开发及针对不同投保人的风险定价都有着重要的意义。

3.2.3 大数据对保险公司经营能力的影响

保险业的经营很大程度上是以信息为核心的，信息资源是保险公司的生命线。在大数据时代，随着技术的发展和信息数据的大爆炸，保险公司的经营能力、风险管理能力都得到了很大的提高。

在汽车保险方面，互联网的出现将使得车险的定价发生巨大变革。以“中国保信”为例，当前其主要的工作就是统筹全国车险信息平台系统，一旦这一信息平台得到建立，我国的车险信息将实现完全的联网，“中国保信”的数据系统将向所有保险公司公开。在车联网建成之后，大数据的理念和方法将被引进到保险公司的车险定价里。面对着海量的数据，保险公司的车险定价将在当前“大数法则”主导下的因果关系主导无差别定价转变成关联关系主导下的差别定价。

基于基因技术的发展，未来寿险的经营和定价也将发生巨大的变化。依赖于海量的基因数据，生物科学和医学的发展使得人类的平均预期寿命大幅提高。在可预见的未来，人类利用基因技术来延年益寿将成为现实。在这种情形下，保险公司在寿险的定价中还是继续使用以往的生命表将可能发生较大的偏差，从而高估了死亡风险，同时低估了生存风险。另一方面，从理论上来说，随着人类对生命探索的不断加深，总有一天保险公司依靠着医院或者互联网上的部分大数据在基因的角度实现歧视性定价，当然这是在伦理上无法为人所接受的了。

在当前我国各个保险险种的发展中，农业保险的发展相对来说还是非常滞后的。出现这样的情况也是有着各个方面的原因，农业保险的风险主要在于其损失发生往往是不独立的，容易形成大范围的损失。另外，农业保险往往和天气气候状况紧密相关，传统保险人的技术手段难以对保险标的有足够了解，在即将出险时保险人往往也没办法提前作出预判进而进行风险管理。随着遥感技术的发展，农业保险的发展也将迎来一个巨大的机遇。遥感技术是从远距离感知目标反射或自身辐射的电磁波、可见光、红外线对目标进行探测和识别的技术，当前被广泛用于农业、林业及地图测绘等领域。在大数据时代，保险公司通过合作获得遥感技术的相关数据后，经过一系列处理，可以很好地获得关于农作物的信息，关于农作物的实时数据的分析可以很好地防止信息不对称的情形出现，而且也有利于保险公司防灾防损措施的推行。

综合上述例子，我们可以看到大数据对于保险公司承保能力、风险管理能力的提高有着巨大的积极作用。在使用大数据分析信息之后，保险公司的经营将更加稳健、高效。

3.2.4　大数据对保险公司产品服务的影响

大数据时代是和互联网时代或者说是移动互联网时代、社交网络时代一起出现的，在人与人能够通过数据网络进行交互交流的背景下，我们才能获得如此海量的数据。因此，大数据对于保险公司或者说保险业的影响很大程度上也是在受到互联网时代的影响。

关于互联网思维和互联网商业模式的探讨一直是一个热点话题，在各个传统行业纷纷发出向“互联网企业”学习的信号时，保险业自然也不能落后。到底什么是互联网思维，到现在也还没有一个统一的定义。但是，注重用户体验、客户至上的观念至少是其中一个重要的部分。保险公司在大数据时代的工作重心放在大数据资料的搜集上面，而这正需要保险公司进行自我革命。保险公司应该将自身的定位从原来的产品提供者向服务提供商转变。传统的消费者或者说投保人往往更注重的是产品质量本身，或者更多时候是价格的高低。但是在大数据互联网的时代，客户更重视的是自身个性的张扬和消费的体验。这也就很自然地要求保险公司转变经营思路，在竞争中更加重视服务质量的提升。

以美国信诺公司所研发的一款手机 APP 为例，我们可以看一下这种商业模式的变化。美国信诺公司是一家主打“高端医疗保险”的公司，它开发的一款手机 APP 获得了用户的广泛好评。通过手机 APP，公司有了一个数据的流量入口，大数据的获得实现了低成本的目标，同时公司也借此切入了移动互联网时代，切入了社交网络时代。公司通过手机 APP 帮助客户“量化自我”，为客户提供各种健康数据，提供医生医院的价格查询，提供客户的实施个人健康计划和健康基金情况。这种交互式的数据获取方式一方面降低了数据取得的成本，另一方面也给了客户很好的体验，同时医生医院、保险公司和投保人（被保险人）也发生了良性的互动，实现了对于客户的“管理福利”。

从上面的例子我们可以注意到，由于大数据带来的保险公司经营能力的提升将加大保险公司之间的竞争力度，保险业的具体分工将继续细分，中小型保险公司将对自身业务重新定位，发现其优势险种。同时，大数据时代保险公司的竞争也将从“价差时代”走向“服务时代”，保险公司提供的服务质量高低往往决定了未来保险公司在竞争中的成败。

3.2.5 大数据对保险业业务链条的具体影响

大数据对保险公司的影响归根结底还是要作用到保险公司业务链条，否则也只是空谈。按照传统的保险业务流程来看，一般性的流程是业务人员进行保险需求挖掘、进行产品开发定价、业务人员进行保险营销、对投保人（被保险人）进行核保、承保、服务和最终理赔。而从我国具体的情况看，当前我国保险公司之间的产品竞争非常同质化，所谓的需求挖掘和产品定价等整个业务流程也往往趋于同质化。业务员与精算部门、核保理赔部门的协调性还存在严重不足。运用大数据思维、互联网思维对保险公司业务流程进行改造成为保险公司在新形势下取得竞争优势的必然选择。

对于保险公司而言，依靠大数据改造业务流程除了在思维模式上进行主动改变之外，人才的配备也是一个基本前提。人才这个因素在很大程度上决定了保险公司经营的成败。大数据的使用要落到实处真正降低成本，一般认为还是源自业务，有业务驱动会更合适。但是另一方面，由于大数据下保险服务和保险公司传统的业务存在区别，因此在人才的选择上，仅有业务人员和 IT 技术数据挖掘人才是不够的，还应该有懂得心理学的市场人员和营销人员。只有在各个部门的通力合作之下，大数据的运用才能够真正落到实处，发挥其应有的作用。

就保险业务链条的各个环节来看，由于在大数据下服务贯穿了整个流程的始终，保险业务链条各个环节之间的联系也变得更为紧密，并且业务闭环的趋势逐渐形成。

首先，从需求的挖掘来看。在传统的保险业务实践中，由于业务的同质性，许多保险公司采取了跟随策略，并没有自发去进行保险需求的挖掘。就自主挖掘客户需求的保险公司而言，一般需求挖掘的信息来源也是主要依靠业务员或者说依靠公司的抽样调查结果。这样的信息数据来源存在一定的问题，抽样样本无法代替全部，从而根据这些数据分析出来的需求也可能是失真的。另外，这样的需求挖掘也存在着成本过高的缺点，业务员的佣金支出自不必说，抽样调查也是高成本、低产出的一种方式。相比之下，大数据时代的保险需求挖掘就有着成本低廉、样本齐全、样本量大等优点。从数据来源上看，以电商销售保险为例，客户在消费了保险产品之后往往会在网站留言点评，而且客户的整个购物过程行为数据也是很有意义的数据，对于探知消费者的需求特点有非常重要的作用。针对全样本的数据分析，虽然可能存在信息密度相对较低的问题，但数据的真实性及预测未来的能力也大大提高了。

其次，从保险产品的开发定价来说。正如前文已经提到的，在当前的保险公司经营中，精算部门的产品定价很多时候和业务部门、营销部门的利益是相悖的，而且整个定价依据的数据信息基本是一定的“样本数据”。在大数据下，保险定价依据的是互联网上海量的信息，全量数据形成的判断往往相对样本数据分析的结果存在一定的优势。而且大数据下由于公司几乎所有人员都变身成为服务人员，业务人员和精算人员的利益也是协同远多于背离了，这样精算人员也将在定价时少了很多工作之外的压力。

最后，再说保险产品的营销和渠道。在传统的渠道发展逐渐到达一个瓶颈期后，保险业的整体形象也已经恶化到一定程度了，若不进行重大变革，保险业的发展将受到很大限制。大数据时代和移动互联网时代的到来给了保险业很好的机遇，只要充分利用此次机会提升保险公司的服务质量，积极拓展新的营销渠道，保险业的发展仍然非常值得我们期待。乘着互联网金融的东风，成功上线的保险产品也越来越多，在线销售的保险产品在保险公司总保费中的占比也越来越大。根据相关预测，到 2020 年，保险公司线上保费将占到所有保费总额的 10%以上。在大数据下，作为保险公司价值实现的核心环节，保险产品销售仍然在保险公司经营中有着重要的意义。利用大数据对客户的偏好进行分析，结合传播学的相关实践尽可能提高广告的业务转化率，并且在这一过程中加强与客户的互动，以期能够更好地为客户服务，这是保险公司在大数据时代提升自身营销效率的一条一般性路径。

在保险业务中，承保核保阶段是非常重要的环节，这是保险公司控制风险、消除信息不对称的关键。由于保险的特殊性，保险人和投保人（被保险人）之间存在着非常严重的信息不对称的情况。投保人一方往往对保险标的有着更多有关风险的信息，而这些信息对于保险人作出是否承保及收取保费的多少的决策有着重要影响。根据传统的保险经济学的理论，保险人和投保人（被保险人）一方的信息不对称容易使得保险市场变成“柠檬市场”，这就造成了“劣币驱逐良币”的效果，结果道德风险和逆向选择盛行。在现实的保险市场上，保险公司往往需要花费大量人力、物力来解决这个信息不对称的问题，但是实际效果却不一定好。在大数据时代，保险公司可以通过对海量数据的分析来尽可能消除信息不对称，这些数据既包括各个保险公司自身的数据库资源，也包括社交网络、电商企业等互联网上的其他数据资源。虽然这些数据往往存在着有效信息密度低、半衰期短的缺陷，但通过对这些数据的分析，保险公司往往可以将相关信息进行对比验证，从而提高所得到信息的真实程度，进而更好地为自身的承保决策提供佐证。

在传统的保险实务中，理赔往往意味着一项保险业务的终结。然而，在新的保险业务框架下，理赔意味着旧的保险业务的终结及新的保险业务的开始，这也是大数据下保险公司数据信息搜集能力提高的结果。在理赔时，保险公司理赔人员的责任将从单纯的核损理赔转变成核损和挖掘客户需求信息两位一体。另一方面，在当前的某些保险公司的实践中，还出现了网上核赔的情况，即通过互联网取得相关证明文件和照片视频等信息之后，保险公司即可对被保险人进行理赔。这样就可以大大提高保险公司的理赔效率，进而大幅提升保险公司产品的用户体验，同时还为保险公司节省了一大笔理赔的费用，确实是一种一举多得的核损理赔方式。当然，这种理赔方式目前还是适用于一些较为简单透明的保险产品，毕竟理赔是一项非常需要专业技能的工作，理赔人员在作出具体的理赔决策之前需要获得大量信息并依靠专业技能和专业经验进行分析。

3.3 大数据与保险的案例分析和总结

与大数据结合是保险业未来重要的发展方向，这一点已经基本在保险业界及学术界达成了共识。但是，在讨论大数据时，我们往往会认为虽然大数据前景很好，但是距离我们大范围使用还是需要一定时间。事实上，大数据的使用已经如雨后春笋般出现，在保险业内，诸如中国保信、众安在线、泰康“乐业保”及去哪儿网的保险经纪业务等都已经步入正轨，大数据在保险业的使用进度比我们一般人所想象要快得多。下面我们结合几个案例来看看大数据在保险业的应用。

3.3.1 中国保信

“中国保信”全称是“中国保险信息技术管理有限责任公司”，作为中国保险业第一家大数据公司于2014年1月15日在北京成立。据介绍，中国保信成立的主要目的是统一建设、运营和管理保险信息共享平台，为保险公司之间及保险业与其他行业之间的信息交互提供支持。随着保险业的发展，全行业对保险数据资源的汇聚利用越来越迫切。通过数据信息的共享和挖掘利用，建立一套科学的行业定价基准和风险数据指标，已经成为保险经营管理水平提升和监管能力改善的基础性工程。在条件具备的情况下，中国保信将逐步提供数据托管、登记认证、内部结算、作业处理、反欺诈等衍生功能，使共享平台成为保险生产的支持平台，提高保险业的经营效率和管理水平。

目前，中国保信主要进行车险平台数据系统的迁移工作。按照相关部门的规划，随着车险的推进，后续包括财产险、寿险、健康险等其他险种，都将纳入中国保信大数据平台，从而为各大保险公司提供大数据的信息服务。在保险信息共享平台建立后，保险公司就可以更准确、及时、深入地把握行业的风险状况，进而提高保险经营的透明度，有利于提高风险应对的针对性和有效性，防范保险消费欺诈，保护保险消费者的利益。同时，对于保险监管机构而言，将大数据的方法运用到保险监管中，通过对保险公司业务数据进行监控，可以提前针对保险公司的违规行为进行预警，将事后监管推进到事前或者事中监管。

由于中国保信的成立时间仍然较短，未来该公司将朝什么方向发展我们还不得而知。但是，我们可以知道的是，中国保信作为一家由中国保险保障基金出资设立的公司，非营利性及数据的保密性可能是中国保信未来基本的立足点。而在将来，中国保信是否会进行股东的多元化运作或者引进保险业以外如互联网企业进行合作都是未知数。

3.3.2　众安在线

大数据、互联网的大潮势不可挡，随着互联网金融的迅猛发展，手里掌握着海量数据的互联网企业也开始进军保险业。其中，“三马”联合卖保险成立的众安在线保险公司自其筹备以来便吸引了业界的广泛关注。

众安在线的公司全称为“众安在线财产保险股份有限公司”，成立于 2013 年 10 月 9 日，注册资本人民币 10 亿元。根据公开资料，我们了解到公司的经营范围是和互联网上的交易直接相关的企业及家庭财产保险、短期健康、责任保险、货运保险、意外伤害保险和信用保证保险；同时包含各类业务的再保险；国家规定允许的保险资金运用业务；经中国保险监督管理委员会批准的其他业务。而从众安在线当前推出的保险产品看，主要有5款，分别为网络购物中买主退货产生的运费损失保险（简称“退货运险”）、消费者保障服务协议履约保证保险（即“众乐宝”产品）、网上购物退货的运费损失保险（买家投保版）[以下简称“退货运险（买家）”]、数码产品因为意外损坏产生的保险（数码产品意外险）及互联网个人消费的信用保险。在这5款保险产品中，除了“众乐宝”外，其余4款合作方明确指向持股19.9%的阿里巴巴集团。

据保监会数据，截至2013年11月末，众安在线的保费收入为263.6万元，由于众安在线2013年11月才开业，这也就是其当月的保费收入。据淘宝网公布的有关信息，“双十一”期间众安在线退运费险成功交易超过了百万笔。据众安在线公布的情况，其退货运险的保费收入从0.15元至3.3元不等。但这只是退运险市场的一笔小收入。淘宝有关人士透露，2013年“双十一”退货运险总共卖出1.5亿笔，其中华泰财险涉及的交易占主要的部分。从保监会的数据看，华泰财险2013年11月单月保费收入为5.77亿元，而2012年11月收入为4.52亿元，只是有略微增长。随着大股东阿里巴巴集团对众安在线保险公司的倾斜，相信众安在线凭借自身股东优势和大数据技术的优势，在互联网保险方面超越对手也是指日可待了。

事实上，许多传统保险公司（如前面所述的华泰财险）已经做了很多关于互联网虚拟财产为标的的保险产品，那么众安在线作为国内首家纯做互联网保险业务的保险公司，它的特点或者说优势在哪里呢？就众安在线当前所开展的退货运险等产品来说，实际上是并没有其特殊性的，众安在线在这些业务中更多的是依靠其股东的实力抢占市场份额，众安在线真正的着眼点实际上在于责任险和保证保险。如众安在线当前主打的保险产品——“众乐宝”，根据其产品页面介绍，“众乐宝”保证金计划是众安保险专为淘宝平台定制的一款信誉保证保险。卖家加入后，无须缴纳消保保证金，即可加入淘宝平台消费者保障服务，享有“消保图标”。目前这一产品有 6 月期和 12 月期两种可供选择，其中 6 月期产品费率为 1.8%，12 月期产品费率为 3%。只需要缴纳一个相对低额的保费，淘宝卖家即可享受淘宝的保证金消费者保障图标服务，从而将保证金解冻用于自身业务经营。

“众乐宝”是众安在线有代表性的一款保险产品，主打责任和信用保证保险，费率较低，额度较小，专为在淘宝网平台留下了大量经营数据的淘宝卖家量身打造。这是一款典型的大数据环境下的保险产品，依靠淘宝电商平台留下的大量数据，保险公司可以对被保险人的情况进行分析，探知目标客户的保险需求，进而开发出适合被保险人需求的保险产品，接着通过网络平台进行保险产品的推广和销售，并最终实现数据资料的回收。这款保险产品事实上是取得了一石三鸟的结果：一方面，众安在线通过这一产品获得了淘宝卖家信用保证保险这一市场，获得了大量的业务相关数据；另一方面，众安在线的大股东阿里巴巴也能够通过这一保险产品更好地维护其旗下的电商生态系统的黏性，因为这一产品实际上降低了淘宝卖家的运营成本；此外，对于淘宝卖家来说，他们通过小额保费的支付获得了相当于大型淘宝卖家所能得到的信用等级，有利于他们的业务经营。如果说未来保险业的发展主要依赖的是数据，那么以众安在线为代表的拥有大量数据的保险公司无疑将拥有巨大的优势。

3.3.3 去哪儿网获得保险经纪业务牌照

美国东部时间2013年11月1日，去哪儿网实现在美国纳斯达克上市目标。在IPO之后20天，2013年11月20日，去哪儿（Nasdaq：QUNR）对外宣布，其已经获得保险经纪业务牌照。据去哪儿网 CEO 庄辰超透露，正式获得牌照后，去哪儿网将探索和旅游相关的金融业务，目前正在开发基于大数据的保险产品。据中国保监会官方网站，保监会已经批准去哪儿网成立深圳众诚泰保险经纪有限公司，注册资本为 5000 万元，这是互联网企业的第二块保险牌照。

由于去哪儿网旗下目前尚未推出相关保险产品，我们只能够通过其CEO对媒体的相关发言及网络上的其他蛛丝马迹来了解其业务进度。根据相关新闻报道，虽然去哪儿网的保险牌照允许从事的险种很多，但该公司仍然会锁定和旅游相关的保险产品。由于去哪儿网在手机客户端和 PC 端有大量的消费数据，去哪儿网希望利用这些数据，请第三方保险公司设计依托旅游和大数据的个性化保险。相对其他保险公司而言，去哪儿网的优势在于掌握了过去与保险公司合作的大量案例，并且有个人行为数据，产品定价及风险评估可以更加准确。虽然现在去哪儿网为自身客户量身定做的“大数据”保险产品仍未最终面世，但通过去哪儿网的相关招聘信息，去哪儿网招聘中保险产品的研发放在了其机票事业部，我们可以大胆猜测其保险产品可能会与航空意外险等传统险种有类似之处。

按照去哪儿网透露的信息，未来去哪儿网的保险产品将不会由去哪儿网自身承保，依然采取和其他保险公司合作的方式，但是去哪儿网要控制产品的政策和销售形态。与众安在线保险公司的成立不一样，去哪儿网并不是要自主建立一家保险公司，而是选择了和保险公司合作的方式。在这种合作方式中，保险公司事实上是被边缘化了的，去哪儿网方面掌握了相关的用户数据信息和保险信息，保险公司沦为保险业务的 OEM，即简单的贴牌加工商。

3.3.4 案例总结

从上述的 3 个例子，我们大致可以对大数据在我国保险业的发展情况有一个认识。大数据是未来保险业竞争中的关键因素，通过海量数据的获取、处理、分析，保险公司可以对客户或目标人群的行为特征、业务需求等各方面情况有一个相对精确的刻画，从而为产品的开发定价、业务的开展和风险的管理提供决策参考。在当前进行保险大数据运作的公司里面，众安在线和去哪儿网下属的保险经纪公司是属于互联网企业携其数据优势扩张到保险业的现象，而中国保信则是由保险监管机构牵头立足服务各家保险公司的数据平台。面对着互联网企业在金融和保险业的咄咄逼人的态势，保险公司应该如何看待大数据、如何利用大数据促进自身发展成了当前摆在各家保险公司决策层面前的一个问题。

大数据似乎拥有异乎寻常的魔力，互联网企业凭借着自身的大数据优势，是否可以完全颠覆保险行业，就像马云所说的“颠覆银行业”一样？随着时间的推移，传统的保险公司是否将逐渐沦为互联网大数据企业的 OEM

公司？要对大数据保险或者说互联网保险有一个更为清晰的判断，我们更多应该考虑的是大数据或者大数据公司的能力圈。其实，正如马明哲所言，按照在网上开展业务的难易度，各金融子行业由易到难的排序是基金、证券、银行、保险、信托、投行业务；而在保险的四大业务板块中，从易到难的排序是财产险、健康险、养老险、人寿保险。这是由互联网的特点、金融及保险的业务特点所决定的。相比线下面对面的交流交换，业务线上化的主要动力就在于节约成本。但是，由互联网上交易的特点推断，适合互联网上销售的保险产品应该是刚性需求的、标准化的、相对简单的，例如车险及其他一些简单透明的财产保险。因此，互联网企业开展保险业务和保险公司开展保险业务相比具有一部分相对优势，这主要体现在线上环境及大量用户数据上。但是在人寿保险等相对来说比较复杂、风险较难控制的险种上，传统保险公司仍然有其在承保、理赔和内控上的优势。从实践上来说，互联网保险公司的业务经营也是更多的为其互联网客户的用户体验服务的，更多考虑的是互联网企业自身平台生态圈的优化。故而，在这种情况下，保险公司与互联网保险公司之间应该是协作多于竞争的。互联网大数据与保险的融合，更可能的趋势是保险公司使用互联网工具或利用互联网公司来扩大销售，降低成本，同时加强自身经营能力、风险管理能力；而互联网公司则使用保险工具或利用保险公司来完善平台信用体系的建设，增加服务内容，提高自身的吸引力。

重视大数据在保险业中的应用，时刻注意大数据技术发展的最新成果，形成大数据的思维习惯，积极引进大数据处理的相关人才，保险公司才能在未来的竞争中取得战略优势。但是，大数据相关的具体技术问题的化解和发展战略的明确，才能够真正为大数据的保险公司带来实实在在的利益。如何从当前的数据孤岛中整合数据？如何在数据挖掘分析成本与收益之间取得最佳平衡？如何在数据半衰期内利用好数据？如何保证数据的匿名性从而避免伦理上的难题？在没人愿意成为“nobody”的时代如何尊重消费者客户的隐私权？实施大数据战略对保险公司软硬件有什么样的要求？这些问题都值得我们深思。虽然我们已经在路上，但是大数据离真正发挥它的全部能量还差很远。

第 4 章　大数据与量化投资

4.1　量化投资概述

4.1.1　量化投资的发展历程

随着现代金融经济学理论的发展，证券投资正在从一门艺术转变为一套科学的理论体系。投资经理人更多地依靠严密的经济学理论和结构化的资产配置来投资，而非单凭个人感性认识和市场直觉进行判断。证券投资的方法技术也在不断演变，逐渐由定性投资转向基于大数据的量化投资。在欧美金融市场，伴随着高频交易、大数据及云计算的发展，量化投资已经跻身主流投资方式的行列。在中国这一新兴市场，量化投资也正引领着金融投资领域的新变革，成为近年来备受瞩目的焦点。

量化投资的理论渊源之一是芝加哥大学教授 Eugene Fama 提出的“市场有效性理论”。该理论将市场划分为强有效、半强有效、弱有效及无效 4 种类型。在强有效市场中，价格充分反映了所有公司运营的信息，包括公开及未公开的信息。受此影响，任何投资者都不能获取超额利润，投资经理人对投资组合的管理也就失去了价值。这为被动投资方法提供了理论支持。与之相反，在弱有效市场中，价格仅仅反映过去的成交量、成交价、买空卖空金额等信息，任何公司基本面的信息及非公开的信息都能带来超额收益。由于现实中的金融市场并非总能保持有效性，获取超额收益的机会不但存在，而且可以被科学地发现并加以利用。因此，市场的弱有效性或无效性为主动投资方法奠定了理论基础。

在此基础上，主动投资方法又可以分为两种：定性投资方法与定量投资方法。后者即我们常说的量化投资。定性投资方法产生较早，体系也较为完善。以分析公司基本面为核心，该方法通过实地调研公司、采访公司管理层、分析财务报表等途径，结合决策者的主观经验判断，得出对股票价值的评估，并据此获得超额收益。相较而言，量化投资方法起步较晚，并且其发展历程与数理金融的发展密不可分。很多量化投资的理论、方法和技术均来源于数理金融的研究。1952 年，Markowitz 建立了均值-方差模型，第一次将数理工具引入了金融研究。1973 年，Black 和 Scholes 建立的期权定价模型实现了金融理论的又一大突破。随后，Ross 提出了套利定价理论，为投资实务中的资产定价提供了新的工具。20 世纪 80～90 年代，对倒向随机微分方程及数值计算理论的研究促进了期权定价理论的新发展。与此同时，金融风险管理逐渐被重视。VaR、Risk Metrics 等风险评估模型不断涌现，推动了风险管理方法的革新与进步。20 世纪末至今，遗传算法、决策树、神经网络等非线性科学方法相继问世，并在金融理论及实践上获得了广泛的应用。这些理论与方法的持续发展夯实了量化投资的基础，并极大地丰富了量化投资的技术工具和策略组合。

目前，量化投资还没有严格、权威的定义。一般认为，量化投资基于大量与投资相关的历史数据，运用数理统计分析的方法，借助计算机的程序化交易，以选取未来回报可能会超越基准的证券进行投资，获得超额收益。与常用的基本面分析相比，量化投资具有如下显著的优势。

第一，量化投资借助计算机建模及程序化执行指令，可以在复杂的市场环境中挖掘难以人为识别的价格形态和特征，并将其转化为投资策略。这一过程消除了投资者心理因素给投资过程带来的偏差。

第二，对金融机构来说，量化投资使决策过程变得更科学，使管理更有纪律性与系统性。正因为如此，国外很多对冲基金公司均将量化投资作为证券投资的重要手段之一，并且取得了出众的投资收益。例如，1989—2007 年期间，西蒙斯的大奖章基金运用量化模型进行证券投资，取得了高达 35%的平均年收益率。若加上 44%的收益提成，其实际年收益率超过 60%。而同期巴菲特的年平均复合收益率仅为 20%。在全球股市剧烈震荡的 2008 年，大奖章基金的年回报率更是超过了 80%。与之类似，Bridgewater、Highbridge、Och-ziff 等对冲基金都利用量化投资的方法获得了高额的投资回报。在国内，由于证券市场的有效性较弱，市场上被错误定价的证券相对较多。因此，量化投资更能大显身手，发挥其客观、公正、理性的优势，发掘短期内的超额收益。

第三，量化投资能够为投资者带来更加丰富的投资渠道与产品，以满足不同投资者的多层次、差异化的投资需求。同时，这对机构投资者的传统投资理念也提供了有力的加强与补充。日新月异的投资理念可以通过量化的方法不断添加到投资决策中，从而提高机构投资者的决策能力。因此，量化投资必将是今后证券投资的重要发展方向。

在量化投资领域，美国早在 30 年前就开始了相关实践。Eurekahedge 的数据显示，截至 2013 年，全球对冲基金资产管理规模达 2.01 万亿美元。北美地区（以美国为主）占据了全球对冲基金规模的 67.5%。就国内来看，目前沪深两市每天 4 个小时的交易时间会产生 3 亿条以上逐笔成交数据。随着时间的积累，其数据规模非常可观。不同于一般日志数据，这些数据在金融工程领域有较高的分析价值。金融投资研究机构需要对历史和实时数据进行挖掘创新，以创造和改进数量化交易模型，并将之应用在基于计算机模型的实时证券交易过程中。在这一领域，私募基金是国内最早的实践者，并且取得了较好的业绩。2013 年，在券商发行的 82 只小集合产品中，君享重阳阿尔法对冲一号排名第一，全年收益率达到 63.73%。2013 年 11 月 7 日，国内第一只采用对冲策略的混合基金——嘉实绝对收益策略定期混合基金正式成立。随后，易方达和华安的沪深 300 量化增强基金也相继成立。可以预见，量化产品将迎来蓬勃发展的黄金时期，逐渐成为国内资本市场不可忽视的重要力量。

如图 4-1 所示为股票量化投资流程。

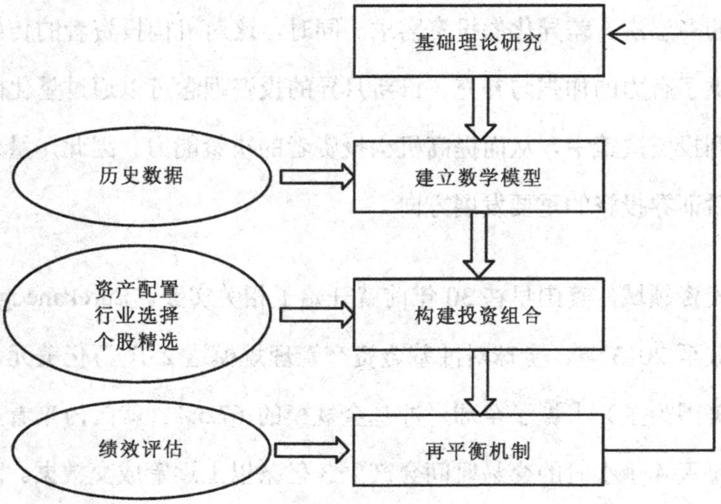

图 4-1　股票量化投资流程

4.1.2　量化投资的主要策略

基于上述的理论方法，近年来量化投资领域涌现出了一大批各具特色、灵活多变的证券投资策略，并经受住了市场实践的长期考验。本书将这些主流的量化投资策略总结如下。

1．量化选股

量化选股是指通过数量分析来判断是否将一只股票放入股票池。具体的方法一般包括公司估值法、趋势法和资金法。公司估值法通过对基本面的分析得出公司股票的理论价格，在与市场价格的比较下决定高估或低估，进而决定买空或卖空。趋势法将市场的表现分为强市、弱市及盘整三种形态。投资者根据不同的形态作出相应的投资决策，跟随趋势或者反转操作。资金法是指根据市场主力资金的流动方向来决定自己的投资决策。一般情况下，跟随主力资金的流向可以获得短期超额收益。实践中，上述三种方法又可以细分为多因子模型、风格轮动模型、行业轮动模型、资金流模型、动量反转模型、一致预期模型、趋势追踪模型和筹码选股模型等。

2. 量化择时

量化择时是指利用数量化的方法，在对宏观、微观指标进行量化分析的基础上，找到趋势延续或反转的关键信息，对市场未来的走势进行预测。大量研究报告表明，中国的股票市场还没有达到弱有效，因此可以通过对历史价格的分析来预测未来的价格。更为重要的是，随着计算机技术及混沌、分形理论的发展，股票收益的非线性相关关系也逐渐被发现，推翻了随机游走的假设。很多学者开始利用非线性动力学的方法来研究股价收益率的变动，大大提高了对股票收益预测的准确度。具体来说，量化择时的方法可以细分为趋势择时、市场情绪择时、牛熊线、Hurst 指数、支持向量机分类（SVM）、SWARCH 模型及异常指标模型等。这些方法有各自特定的理论基础。例如，趋势择时的基本思想来源于技术分析，有效资金模型来源于选股模型中的资金流模型，而 Hurst 指数则是分形理论的具体应用。因此，每一种方法都有其优势，也有其局限性。由于大盘趋势和宏观经济的各种指标（GDP、货币供应、外汇政策等）有较高的关联度，上述方法在使用前要做具体的适用性分析，必要时可以综合使用。

3. 股指期货套利

股指期货套利是指利用股指期货市场上价格的不合理性，同时进行股指期货与现货市场的交易或者不同期限品种间的交易，以赚取价差。因此，股指期货套利包括期现套利、跨期套利、跨市套利及跨品种套利。其中最主要的是期现套利和跨期套利。一般而言，期现套利属于无风险套利，主要涉及的内容包括定价模型、指数复制、冲击成本及保证金管理等。跨期套利是利用不同交割期合约的不同价格进行套利交易。在市场预期稳定的情况下，不同交割期合约的价差应该保持在一个合理的范围内。当价差落到这一范围外时，就会产生套利机会。因此，跨期套利的核心在于计算合理价差，不同合约价差都会向这一均衡价差收敛，这也是股指期货套利的一个理论基础。

4. 商品期货套利

与股指期货套利相似，商品期货套利也要借助对历史数据的统计分析，把握最佳套利时机。不同之处在于，商品期货的跨市场套利与跨品种套利更普遍。同一期货商品在不同的市场进行交易时，除了地理环境等固定因素，市场供求、市场交易结构等因素也会导致价格的不一致。因此，跨市场套利可以抓住这一时机，在一个市场上买入某个交割月份的期货，在另一个市场上卖出同一交割月份的期货，从而赚取价差。跨品种套利在商品套利中也是非常普遍的。在很多情况下，某一现货产品可能没有对应的期货产品，但与另外的期货产品具有稳定的相关关系，比如铜现货与金期货。在二者的价格偏离正常轨道时，进行反向操作可以获得利润。

5. 统计套利

统计套利是一种有别于无风险套利的方法。它不依赖于具体的经济含义来构建投资组合，而是主要利用股票的历史统计规律进行套利，因此，该方法的风险在于根据历史价格得出的统计规律在未来能否延续及延续的时间跨度。统计套利一般可以分为两类：β 中性策略和协整策略。前者建立在股票收益率的基础上，通过调整投资组合，使组合的 β 为 0 并且实现 Alpha 收益。后者直接基于股价进行建模，根据历史数据选择相关关系强的投资产品，利用协整的方法找出长期均衡关系。在价差的偏离超过设定阈值时开始建仓，买高卖低，再根据累计收益率对均衡关系的偏离程度选择平仓时机。相较而言，以上两种方法都能够规避市场风险，但 β 中性策略更容易发出错误的交易信号。原因在于 β 策略是一种超短线策略。如果日偏离在短期内得不到恢复，就会导致策略的失效。实践中，统计套利可以应用到股票配对交易、股指对冲、融券对冲及外汇交易对冲等领域。

6. 算法交易

算法交易是指利用计算机程序来控制交易的方法，其控制的范围包括交易时间、交易价格及成交量。一般来说，算法交易可以分为三类：主动型、被动型及综合型。被动型算法交易仅仅利用历史数据对交易模型的参数进行估计，在既定的交易方针下进行交易。这种方法目前最为成熟，其优势在于可以减少目标价与实际成交价之差。实践中，该方法可以细分为成交量加权平均价格的方法及时间加权平均价格的方法等。主动型的算法交易则更为灵活，能够根据市场的变化调整决策，可以实时地决定成交量和成交价。例如，在市场对投资者有利时，可以自动修改模型的参数，加快交易的进行。综合型算法交易融合了前两种方法的优点，在设定具体交易目标的同时又能够兼顾市场的实时变化，对交易作出相应调整。这种方法可以通过将交易指令分拆、散布到各个时间段内来实现。

另外，目前市场上还存在一些针对特殊投资品种的量化方法，例如期权套利、封闭式基金套利及ETF套利等。这些方法与上述的股指期货套利及商品期货套利的原理相似，只是具体操作方法略有不同，在此就不再赘述。值得一提的是，在大数据时代，高频交易作为量化投资的一个新策略与新方向正逐渐被人们所重视。在后面的章节中我们会对此进行重点介绍。

4.1.3 量化投资的主要工具

量化投资是计算机、数学与金融的综合应用。开发和实施上述的量化投资策略，通常涉及数据挖掘、人工智能、小波分析、随机过程、分形理论及支持向量机等技术工具。本书将这些技术工具简要介绍如下。

1. 数据挖掘

数据挖掘是从数据库中挖掘知识的一个基本步骤。其模型主要分为分类模型、关联模型、顺序模型及聚类模型等，其典型的方法有神经网络、决策树等。数据挖掘广泛地应用于板块轮动策略中。由于股票市场经常出现板块轮动、涨跌不一的情况，因此可以利用基于关联规则的板块轮动策略进行套利。

2. 人工智能

人工智能包括机器学习、自动推理、人工神经网络及遗传算法等。人工智能主要应用于短线择时领域。由于短期的趋势判断较为容易，投资者收集信息的方式对于信息优势的形成具有关键的作用。

3. 小波分析

小波分析是傅里叶变换的拓展，能够随频率的变化自动调整分析窗口的大小。金融时间序列具有非平稳性、非线性的特点，导致传统的去噪方法有很多缺陷。而小波分析正好可以克服这些缺点。

此外，随机过程、分形理论和支持向量机也在量化投资中发挥着重要的作用。在对股市的大盘走向进行预测时，经常会采用随机过程中的马尔科夫链。结合灰色系统理论的马尔科夫链能更合理地预测股市大盘的走势。分形理论是非线性科学的重要分支。该理论认为空间维数的变化可以是连续的，在量化投资上主要应用于金融时间序列的分解与重构，并对未来的走势进行预测。支持向量机适用于分类与预测问题的处理，在量化投资中主要应用于预测复杂的金融时间序列。

4.2 大数据在量化投资中的应用

4.2.1 高频交易数据的应用

大数据技术在量化投资中已经得到了广泛而深入的应用。其中，结构型数据的应用主要集中在高频交易领域。高频交易是指利用计算机“服务群组”来寻找市场中微小价差的方法。高频交易的交易量巨大，持仓时间很短，日交易次数多，因此计算机每秒都需要处理海量的结构化数据。由于高频交易催生了一批稳定、高效的盈利策略，很多国际知名的投资机构都斥巨资进行这方面的研究，并取得了丰硕的成果。2014 年 3 月 11 日，美国高频交易公司 Virtu Financial 向美国证监会（SEC）递交了初步的上市申请文件。令人震惊的是，在 2009—2013 年的共 1238 个交易日里，Virtu 公司只有 1 天亏损。这无疑是利用大数据进行高频交易的经典案例。相较而言，国内的机构投资者在这方面虽然刚刚起步，但近年来利用高频交易获取的年化收益率都已达到 50%以上。

一般来说，高频交易策略可以分为两大类。第一类是将传统低频策略高速化实现，包括高频趋势追踪、高频统计套利、高频阿尔法套利等。这里我们以高频阿尔法套利中的配对交易为例，详细阐述大数据在高频交易中的关键作用。具体而言，配对交易是指从市场上找出历史股价走势相近的股票作为配对股票。当股票的价格差（Spreads）偏离价差的历史均值时，则卖出股价较高的股票，同时买入股价较低的股票；当二者的价差回归历史均值水平时，分别平仓两只股票完成交易，由此赚取两只股票价格收敛的报酬。同时，为了控制风险，当价差进一步扩大时，需要在适当的止损点结束头寸。配对交易策略的标的资产不仅是股票，还可以是期货、期权、货币等，因此，该交易策略具有广泛的适用性。

在配对交易过程中，获取大数据和运用大数据分析方法显得尤为重要。我们第一步要获得市场上庞大的交易数据，通过大数据的相关性分析方法，找到价格走势相关性高的证券；第二步，根据海量的历史高频交易数据，计算证券间的价格差，形成价格差的概率分布；第三步，依据概率分布设定交易触发条件和终止条件（阈值），当证券价格差超过 A 临界值时开始分别买进、卖出证券，而当价格差回归 B 临界值时则平仓；第四步，依据设置，如果证券价格差持续扩大到C止损点，也可以选择接受亏损而平仓。不难看出，在配对交易的量化投资过程中，大数据处于核心地位。一方面需要获取历史和即时的大数据作为分析的信息源，另一方面需要运用大数据的分析方法即刻得到分析结果。

第二类高频交易策略是凭借海量数据、高速交易而开发的新策略，包括自动做市商、猎物追踪及流动性回扣等。这些策略的持仓时间非常短。例如，自动做市商（Automated Liquidity Provision）策略利用量化算法优化头寸的报价和执行，其持仓时间仅为 1 分钟。市场微观结构交易（Market Microstructure Trading）策略对观测到的报价进行逆向工程解析以获得买卖双方下单流的信息，该策略的持仓时间仅为10分钟。事件交易（Event Trading）策略则利用宏观事件进行短期交易，该策略的持仓时间一般不超过1小时。由此可见，高频交易一般不涉及隔夜持仓，因此它避免了隔夜风险。这在流动性紧张、隔夜拆借利率高企的情形下显得更有吸引力。而且基于计算机的决策算法与执行算法的结合能够有效避免人工决策时的情绪影响，这对提高整体的投资收益极为关键。更重要的是，高频交易拓展了投资的深度与广度，不仅充分挖掘了市场的潜在信息，而且延展了市场范围。只要交易模型设计合理，就能在传统分析师不熟悉的市场上获得稳定的收益。

另外，开发高频交易策略也为投资者带来了巨大的挑战。首先，高频交易不仅数据量异常庞大，而且数据之间的时间间隔也并不一致。传统量化投资的分析方法完全不适用，因此需要引入新的工具和方法。其次，高频交易要求极高的精确性，交易信号的时间如果延迟或提前，盈利就可能转瞬间变成亏损。最后，执行的速度是高频交易的核心。提高交易速度是各投资机构一直追求的目标，而更快的速度需要更大的资金投入。

可以看出，高频交易是未来证券投资领域的重要发展方向之一，其稳定的投资收益与科学的决策过程吸引了越来越多的投资者加入。目前国外顶级投资机构60%以上的交易都是通过高频交易来完成的，并且这一比例还在不断提升。在中国，随着金融市场管制进一步放松，适合进行高频交易的投资品种正逐步增加，高频交易将会得到更多国内机构投资者的青睐。

4.2.2 非结构化数据的应用

目前，非结构化数据在量化投资领域的应用并不普遍，但业界正在进行大量的尝试。非结构数据能够提供有价值的信息并进而获得超额利润，这促使更多的公司在这方面加大研究投入，并且取得了一定的成果。本文选取了目前业界的一些经典案例，对非结构化数据的作用加以解释。

【案例 1】Derwent Capital：利用 Twitter 对股市进行预测

2010 年，印第安纳大学和曼彻斯特大学的三位学者发布了一项研究成果 *Twitter mood predicts the stock market*。他们利用 6 个月的 Twitter 数据和“情绪状态量表”（POMS）测量法来派生每日全球情绪，并据此对股市进行预测。结果发现，他们能够以 87.6%的准确率提前三天预测道琼斯工业平均指数的变动方向。后来，这三位学者和一位对冲基金交易员共同组建了 Derwent Capital，成为全球首只社交媒体基金。

该基金的投资策略是随机选择 10%的 Twitter 信息，从中寻找出诸如“警报”、“快乐”和“重要”等字眼，并将这些信息归类到不同的情绪状态，进而预测市场走势，指导投资。由 Twitter 及其他因素综合得出的结论不仅被用于买卖 FTSE 100 指数、FTSE 250 指数及 Dow Jones 工业指数，还被用于石油、黄金、贵重金属和外汇买卖。

Derwent Capital 官网披露[①]，自 2012 年 7 月正式运作至 2014 年 2 月的 20 个月中，该基金仅在 2012 年 12 月、2013 年 1 月及 2013 年 2 月分别出现了 0.05%、0.06%及 0.01%的亏损，成功率高达 85%。期间的累计收益率高达 32.88%，实现了其对投资者承诺的年化 12%收益率的目标。

【案例 2】国内大数据指数基金集体发力

欧美市场利用非结构化数据进行的量化投资初结硕果，而国内的机构投资者们也不甘落后。2013 年以来，国内大数据指数基金相继发力，形成了“百舸争流”的发展势态。南方基金、广发基金、博时基金等基金公司与百度、雪球、奇虎 360 等大数据提供商携手，率先推出了 8 只大数据指数基金。而据中国证监会最新公告，另外 3 只大数据基金已获批准，此外还有 5 只产品已经进入审核程序。大数据指数基金已经成为国内金融创新领域的热点之一。

之所以称为“大数据指数基金”，是因为这些指数基金的选股方式不再是传统的金融数据分析。相反，它们独辟蹊径地运用了互联网公司提供的非结构化数据，将媒体资讯、投资者情绪、消费者行为、网络搜索行为等信息纳入考量范围，以追求更加全面、准确地捕捉市场动态，优化股指成分，进

① 参见 http://www.caymanatlantic.com/performance-audit/4574471092。

而取得更好的投资表现。随着创新的不断推进，这些指数所采用的大数据来源也日新月异。如果从数据的关注角度来划分，国内目前的大数据指数基金可以分为如下三类。

第一类主要关注消费者行为。其非结构化数据主要来源于消费支付的服务商，可以细分为线上消费和线下消费两种类型。例如，博时基金推出的“中证淘金大数据100指数”主要依托于蚂蚁金服的线上消费大数据平台。该平台提供了海量的互联网电商交易数据，可以用于分析各行业的繁荣程度，预测行业的未来盈利情况。以此为基础，再挑选出100只股票，构成这一全球首发的电商大数据指数。与之相反，中欧基金推出的“中证银联智策大数据100指数”则采用了线下消费的大数据。基于中国银联提供的银联卡线下POS收单数据，中欧基金量化投资团队能够对消费领域的总体趋势进行分析。再通过大数据宏观板块优化、大数据个股量化评分等量化方法，选出最佳的100只股票，构成指数。

第二类主要关注网络信息和网民行为。其非结构化数据的提供方可以分为两类。一类是百度、奇虎360等中文搜索的行业翘楚。例如，大成基金推出的“中证360互联网+大数据100指数”就采用了奇虎360的搜索引擎数据。基于每日的用户搜索请求和查询关键字，指数开发人员筛选出每只股票每日的查询次数，从而分析出用户对该股票的情绪。另一类则是腾讯、新浪等财经资讯和网络社交的业务巨擘。例如，凭借新浪的数据支持，南方基金连续推出了“大数据100指数”和“大数据300指数”。通过新浪财经和新浪微博提供的新闻浏览热度、新闻报道正负面情绪、微博文章正负面情绪等数据，指数开发人员分析并刻画出市场的投资者情绪，从而优化对指数成分股的选择。

与前两类略有不同，第三类的关注范围更为专业化和精细化。其大数据来源更加集中于证券投资者这一特定人群，对该人群的投资意见进行汇总、分析和利用，形成“智慧众筹”，从而挖掘出有价值的投资决策。在这一领域，天弘基金的“中证雪球领先组合 100 指数”是一个典型范例。以“聪明的投资者都在这里”为口号，“雪球”是一个专门服务于证券投资者的社交网络，为投资者提供数据查询、新闻订阅和互动交流服务。借助雪球的数据库，指数开发人员先根据雪球用户的粉丝规模、投资历史业绩及活跃度进行评分，然后结合这些用户每月对个股的持仓比例和调仓幅度，对个股进行逐一评分。某只股票的持股用户评分越高、持仓比率越大、增持幅度越大，则该股的评分就越高。最后，评分最高的 100 只股票将成为股指的成分股。

由于其独树一帜的数据来源和选股方式，大数据指数基金形成了自己的独特优势。第一，非结构化数据的运用使得投资分析更加全面、深入。传统的证券研究方式主要依靠投研人员调研上市公司、获取财务数据来进行分析和决策。而在大数据的支持下，投资者情绪、市场资讯热点等非传统信息也加入到了投资决策之中，从而加强了预测的合理性和准确性。第二，大数据指数基金调整灵活。大数据指数基金普遍换股快，个股投资比例小。因此，其调整周期较短，一般仅为一个月，能够更敏锐地捕捉市场的投资机会。基于这两点优势，目前国内的大数据指数基金都取得了较为稳健的投资业绩，如表 4-1 所示。

表 4-1　国内目前主要大数据指数概览

大数据来源	指数名称	主要开发方
银联线下刷卡消费数据	中证银联智惠大数据 100 指数	博时基金
	中证银联智策大数据 100 指数	中欧基金
	中证银联智策消费大数据指数	鹏华基金
新浪财经数据和新浪微博社交数据	南方大数据 100 指数	南方基金
	南方大数据 300 指数	南方基金
奇虎 360 搜索引擎数据	中证 360 互联网＋大数据 100 指数	大成基金
蚂蚁金服线上消费数据	中证淘金大数据 100 指数	博时基金
雪球用户社交数据	中证雪球智选大数据 100 指数	博时基金
	中证雪球领先组合 100 指数	天弘基金
	中证雪球社交投资精选大数据指数	大成基金
搜房网“房天下”房地产数据	中证房天下大数据指数	博时基金
百度互联网大数据	中证百度百发策略 100 指数	广发基金

【案例 3】光大中文云文本挖掘系统

光大云文本挖掘系统可以分为 4 个主要模块。最底层的是数据获取模块，其获取的文本资料主要有 3 个来源：一是热门财经新闻；二是分析师报告；三是热门股票论坛上的所有帖子。从 2010 年 6 月至 2012 年 9 月，其系统积累了近 36 万篇研究报告、300 万篇财经新闻及 2500 万条论坛帖子。获取后的数据在第二层模块中进行清洗，去除无意义的与重复的文本，并建立了相应的全文索引。第三层是一些调用底层索引的通用接口的应用程序。这些接口能够隔绝低层的文字资料与应用程序，保证了二者的独立性。第四层则是利用这些文字类的数据设计的各类基础性指标和因子等产品。其中包括光大宏观系列指数、光大概念板块热度、光大概念板块龙头股及光大关注度因子等。

在第四层的产品中，概念板块龙头股最为引人注目。这一方法的核心是构建关键词网络图。从选定的文本资料中，通过关键词搜索的方法选取相应文本，然后按自定义的金融词典对这些文章进行分词，过滤掉意义不大及与金融无关的词语，然后计算剩下的词组与概念词相关性指标，选择相关性高的词组作为与关键词最相关的词组，再对查找出的词组重复上述过程，构成最初关键词的二级相关词组，最后以网络图的形式展现。该方法可以迅速寻找词组对应的投资标的。若将关键词设置为与概念板块相关的系列词组，在输出的一级相关词组中过滤掉非股票名称的词组，即可得到概念板块龙头股的组合。

4.2.3　大数据应用的挑战性与局限性

综上所述，大数据确实会对量化投资带来革命性的变化，能够使量化投资变得更科学、更准确。但是，我们也应该看到大数据应用的挑战性与局限性。概括来说，主要有以下几个方面的问题。

第一，非结构化数据不易于使用，开发成本较高。与成熟的结构化数据相比，非结构化数据的使用现在还处在初级阶段，很多技术不成熟，开发该类量化策略的初期投入非常大。而且，与高频交易不同，该方法在后期的系统维护方面还有一笔高额的开支，需要根据非结构化数据范围的改变不断调整策略与系统。目前，巨额的开发成本将很多机构投资者拒之门外。国外能够开发此类策略的也仅仅是几家顶级的大投行，在国内也仅有光大证券等少数几家公司开发出了该类交易系统。

第二，利用大数据的对冲交易可能会对虚假信息反应过度，导致市场的鲁莽行为。过去，一些利用社交媒体提取情绪信息的原始交易算法无法利用小数据集进行预测，延缓了交易指令下达的速度。因此最近的很多交易算法都致力于利用小数据集进行预测。例如，一旦有自然灾害或恐怖袭击等意外信息发布，就立即抛出订单。这样带来的一个非常严重的问题是，一个数据点出错就会引发“无厘头暴跌”，而能够引发它的灾难性事件未来未必会上演，由此导致市场的鲁莽行为。

第三，大数据的应用急需整体系统的优化与提高。一般来说，量化投资要想发挥其优势，必须首先具有一个合理的交易策略。其次，量化交易系统可以分为订单生成系统与订单执行系统。这两部分系统只有同步协调，并辅以同步风险控制，才能保证交易的顺利进行。不久前发生的光大乌龙盘事件，在上述几个方面均存在问题。一方面，光大策投部采用的策略是 ETF 瞬时套利，针对的是 ETF 一、二级市场的价格差异。由于采用类似策略的市场参与者较多，因而交易速度至关重要。但在巨额委托单下，最终的成交价格可能落在套利空间之外。正确的做法是按照估算的成交价格来判断是否存在套利机会，然后决定是否发出交易委托。另一方面，光大策略交易系统的订单生成系统和订单执行系统之间的“消息通信机制”存在逻辑问题。在发往交易所的订单指令没有得到明确的返回消息情况下，订单生成系统持续发出了新订单。由于光大的量化系统速度太快，短期内产生了巨量的订单，从而造成了市场的剧烈波动。

所以，伴随大数据量化投资高收益的是新的风险，任何一个微小的失误都可能带来巨大的损失。因此，在利用大数据进行量化投资时，必须充分考虑其风险性，设计合理的风险控制程序加以规避。

第 5 章　大数据与资产管理

5.1　大数据资管时代来临

按照现代金融理论的划分，金融系统具有 6 项基本功能：资源配置、支付结算、风险管理（资产管理）、价格发现、产权分割及提供激励。其中，资源配置和支付结算是最基础的功能，而风险管理（资产管理）是现代金融最核心的功能。之所以将风险管理与资产管理等同起来，是因为风险本身就是一种特殊的金融资源。若将经济活动对资源的配置提升到风险管理的高度，那么以价格为表现形式的交易都是对风险进行定价和买卖的过程。金融机构在对风险进行管理的过程中，实际上就是进行资产管理的过程，如图 5-1 所示。

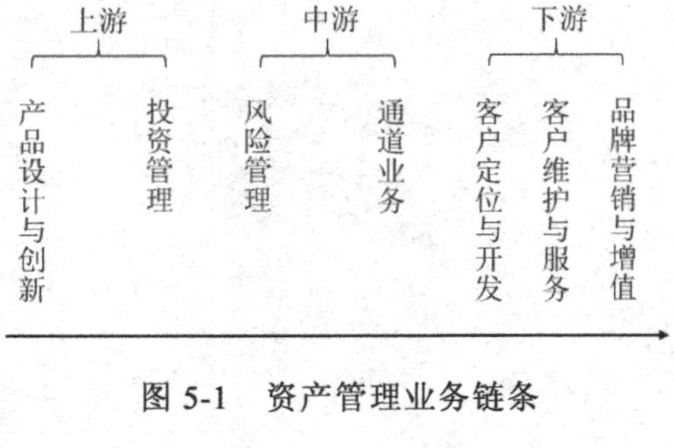

图 5-1　资产管理业务链条

从产业链角度，“与一般产业形态相类似，资产管理行业业务组织是依据特定的逻辑关系和时空布局关系而客观形成的链条式关联关系，其本质是一个具有某种内在联系的业务形态集群结构”[①]。金融机构的资产管理业务可分为上、中、下三部分：上游业务包括产品设计与创新、投资管理；中游业务包括提供通道业务、风险管理；下游业务包括客户定位与开发、客户维护与服务、品牌营销与增值。

近年随着金融业“大数据时代”的到来，资产管理行业与大数据的“联姻”也日趋紧密、蓬勃发展。着眼于现有实践和未来趋势，这一“联姻”不仅赋予资产管理行业数据技术的突破，更带来思维方式和商业模式的革新。无论是在业务运营的微观层面，还是在行业格局的宏观层面，大数据都深远地改变着资产管理行业，并逐渐成为资产管理行业下一轮高速发展的新基石。

对于资产管理行业，大数据的核心价值在于高效地实现大规模、多类型数据的撷取与处理，发掘出关于产品、客户、市场的高价值信息，辅助资产管理者作出更加合理的决策。在微观层面上，大数据掀起了资产管理各运营环节的创新浪潮。

首先，产品开发“多元化”。借助大数据技术，资产管理产品能够更充分地满足市场多元化的资产管理需求，并提供更加丰富的投资策略。一方面，大数据技术能够从海量数据中提取客户的资金使用习惯，从而开发出新型“碎片化”理财产品。不同于传统产品，“一元起购”的碎片化理财产品直击

---

① 巴曙松．2013 年中国资产管理行业报告．2013.10.

大众客户零散、灵活、低门槛的理财需求，成功开拓了人均小、总量高的资产管理市场“长尾部分”。另一方面，大数据能够将表情、图片等半结构、非结构的数据纳入到投资组合的研究中来，从而培育出新的投资策略和资产管理风格。近年来，华尔街的金融分析师开始尝试对社交网络、电商网站、求职网站等进行大数据挖掘，分析股民情感、社交热点、就业率波动等信息，从而预判市场走势，取得了出众的成效。

其次，风险控制“智能化”。在复杂的经济环境中，风险控制是资产管理行业的立身之本，而大数据在这一领域也崭露头角。针对流动性风险，大数据技术通过多类型数据的挖掘，从政策风险、行业竞争、客户习惯、公司财务等方面进行全面分析和预测流动性风险，并提供资产配置的调整策略。凭借这一技术，余额宝成功应对了2013年“光棍节”当日50亿元的巨额赎回。针对信用风险，基于大数据技术的风险评估系统正在取代传统的信用评估方法。此类风险评估系统能够对融资者的上万条原始数据进行计算，并提取数千个预测指标，实现对其违约风险的动态监控。正是通过类似的系统，服务于70万家小微企业的阿里小贷始终将不良贷款率控制在1%以下。

最后，市场营销“精确化”。目前，资产管理行业的市场营销主动而不“精确”。产品虽然被积极地推介给客户，但并不一定匹配客户的真实需求，因而限制了市场的进一步拓展。基于大数据的精确营销正在改变这一现状。立足于客户信息库和互联网数据，大数据可以分析出客户的风险喜好、投资风格、个性特征等，从中推算出客户的产品偏好，实现客户的精确分层、产品的精确推送和销售战略的精确调整。同时，精确营销也为产品开发提供了重要的逆向指导。通过准确把握客户的理财习惯和资金运用规律，资产管理者可以为细分的客户群订制个性化的理财方案和相应产品。2014 年新加坡星展银行与 IBM Watson 的合作正是这一方面的典型尝试。

除了微观层面，大数据也正在重塑资产管理行业的宏观格局，行业竞争势态和行业监管形态正随之发生重大的变革。

第一，行业竞争“跨界化”。大数据打破了资产管理行业与互联网行业的传统界限，与互联网企业共享大数据资源正成为银行、基金、保险等中国资产管理行业六强争霸的新战场。阿里巴巴、腾讯、百度等互联网巨头拥有天然的大数据资源和卓越的客户分析技术，同时正在构建涵盖垂直搜索、资产管理产品销售、移动支付等功能的金融大平台。借助与互联网企业的合作，资产管理企业将取得新的信息优势和渠道优势，充分发挥大数据的威力，重构现有的竞争格局。2013 年，牵手阿里巴巴的天弘基金一跃成为中国规模最大的公募基金。同年 10 月，华夏基金携手百度金融推出“百发”理财计划，其 10 亿元份额在 3 小时内即告售罄。

第二，行业监管“高效化”。大数据技术在行业监管领域已大显身手，有力地促进了资产管理行业的健康发展。一方面，基于大数据技术的监管自动化，能够成倍提升资产管理行业的监管效率和准确度，降低监管成本，有效打击内幕交易等违法行为。另一方面，基于大数据技术的市场实时监控和风险预警，能够在恶性行为造成实际危害前及时发现和阻断这些行为，从而降低投资者的损失。2013 年以来，中国证监会借助大数据稽查系统，准确侦破了多起“老鼠仓”案件，在基金行业掀起了愈演愈烈的“打鼠风暴”。

随着双方“联姻”的不断深入，大数据对资产管理行业的变革贯穿整个运营环节，涵盖微观和宏观的多个层面。总体而言，得益于大数据技术，资产管理行业的服务更加完善、竞争更加激烈、监管更加高效。这将为资产管理行业注入新的活力，推动其迎来新一轮的繁荣与发展。

5.2 金融机构资产管理变革

5.2.1 大数据与风险管理

金融的本质就是利用信息优势为交易双方提供服务的中介。数据与风险是其中的两大要素。数据的获取与分析能力决定信息优势的大小，这是其核心竞争力所在。

传统的风险评估方法除查看信用记录外，更多地侧重于土地、房屋等物质资产和公司信誉状况等指标，缓释风险的机制多数都是抵押、质押和担保。而实际上，个人或企业信用的优劣及是否存在履约风险，在多种交易行为中是能体现出来的。持续性的、高频率的、以信用为担保的交易，更能真正地、动态地反映交易主体的信用和履约能力。互联网与生俱来的信息创造及信息流整合功能，在提升透明度的基础上成就了大数据时代。而以之为前提的云数据处理技术的出现，客观上使发掘和整合传统抽样调查所无法描述的细节信息成为现实。并且，这些云数据所包含的个人或企业的信用信息，比商业银行等金融中介传统的信用评级技术所得的结果要更为准确[①]。

① 吴晓求．中国金融的深度变革与互联网金融．2014.1.

如图 5-2 所示，利用大数据进行风险管理的基本步骤包括数据准备、加工、分析和应用四大块。数据原料包括个人基本信息、银行账户信息、银行流水信息及相关的互联网数据。这些数据类型比较多样。有些并不能直接利用，需要加工成标准化的数据，然后再放入模型中，基于不同的算法进行数据挖掘，最后得到需要的相关信息，从而辅助决策。在利用大数据进行风险管理方面，阿里小贷无疑是最成功的范例。

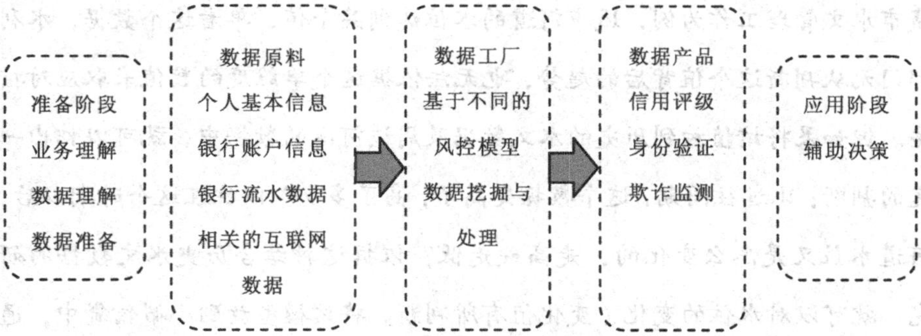

图 5-2 大数据风险管理的基本步骤

【案例 1】阿里小贷采用“水文模型”进行信用风险分析①

从 2010 年成立至 2013 年 12 月底，阿里小贷累计客户数超过了 65 万家，累计投放贷款超过 1600 亿元。户均贷款余额不足 4 万元，户均授信约 13 万元，不良贷款率控制在 1%以下。如此“小微”的信贷数据足以胜过任何以小微业务标榜的商业银行。以被誉为小微贷款行业标杆的民生银行为例，其 2013 年年报显示，截至 2013 年年末，民生银行小微贷款余额达 4047.22 亿

① 钱箐旎．阿里小贷的水文模型．经济日报，2014-02-26．http://paper.ce.cn/jjrb/html/2014-02/26/content_190012.html．

元，小微客户数为190.49万户。以此计算，其户均贷款额为21万元，为阿里小贷的5倍。

阿里小贷如何处理如此庞大的业务量？其中秘密何在？在阿里小贷业务决策中，数据分析发挥了核心作用。过去传统金融机构依靠人工实地收集的种种要素，被阿里统统“数据化”了。其中阿里自主开发的“水文模型”是其进行信用分析的载体。水文模型参考了人们日常所熟悉的水文管理。以城市水文管理工作为例，城市河道的水位达到某个值，单看这个数据，水利部门无从判断这个值背后的趋势，也无法依据这个单维度的数值采取应对措施。但如果将该值放到历史的水文数据及周边河道的数据中，就可以作出一定的判断：比过往同期，这个数据变高了，高了多少？以往在这个时期以后，河道水位又是怎么变化的，走高或走低？依据这种结合历史水文数据的研究，就可以对水位的变化、变化值有所判断。将该模型放到小微信贷中，通过对多维数据的分析，进行多重验证，从而站在更详尽的数据基础上进行授信，减少特殊因素对授信判断的影响。例如某个经营手机的店铺，在“双十一”期间达到300万元的销售额，相较于平时可能显得很高。单看这个数据给予用户分层或授信，很可能作出错误的判断。因为如果把这个店铺放到水文模型中，去观察它不同时间、季节的经营数据及其所处类目同类店铺的数据变化，可以看到也许平常该店铺经营额并不高，甚至和过往“双十一”的数据相比，这家店铺今年的营业额反而下降了。因此，水文模型能平滑各种特殊因素对于授信对象的影响，帮助授信单位在最全面的因素上来考量授信对象，以做出最准确的授信或判断。

5.2.2 大数据与客户开发

与一般商品不同，金融产品存在三大特点。第一，金融产品相对复杂，产品性质往往艰深难懂。面对金融需求，难以像对待汽车或者服装等实物产品一样，用常规数字营销的思路，定位并借助媒体覆盖目标人群。第二，金融产品的客户群高度分散，背景差异明显，资金量、偏好、习惯的不同导致其对金融产品的需求差别很大。常规数字营销方式并不能对所有潜在目标人群产生快速兑现的决策影响。第三，金融市场瞬息万变，目标人群的购买决策具有时效性（只有很窄的时间窗口）和迅捷性（购买欲望产生后，若流程烦琐、体验不好，立即终止并遗忘该产品）。这些特性使得金融行业在营销上对目标人群实时行为数据的依赖性比其他行业更大，因而需要进行个性化的营销。

大数据适应了金融产品的这些特点。通过企业内部数据、社交媒体数据、外部公共数据的整合分析，多维度描述客户特征，为每个客户“贴标签”。进而洞察和预测潜在用户的偏好，绘制出更生动、更真实、更清晰的用户画像，从而实现对客户的精确定位与开发。一般而言，利用大数据进行客户定位与开发包括如下 4 个步骤①。

（1）合理划分区域。从效率进行考虑，我们能将某个城市的区域划分为不同的“圈子”，如生活圈、娱乐圈、学术圈、商务圈等。这其中，每一个圈子的类别还可以进一步细分。全部客户都可以被划分进这些圈子中。依据

---

① 汤平平．现阶段银行该怎么用大数据．新浪财经，2013-06-17．http://finance.sina.com.cn/column/bank/20130617/104915810991.shtml．

现有技术，能够提取他们的姓名、工作单位、住址、电话等数据。有条件的情形下，还可以凭借客户手机的定位信息，或者他们撰写微博、发送图片的位置信息等确定他们的区域归属。

（2）区域客户画像。针对一系列典型圈子的客户个人特点、消费情况、业务情况进行分析，能够保证“知己知彼”。例如，对客户年龄、性别、收入、信用情况、经济实力、月刷卡额、消费地点、购物种类、持卡时间、营销活动参与情况等行为数据与业务数据进行分析，可以做到较为详细地掌握客户特征。

（3）行为偏好分析。这是在商业应用中对客户实现差异化营销非常重要的一点，用以达到对客户的深度认知、判断。这需要通过资深研究人员已有的调查、数据挖掘、建模与多维数据检核实现。行为偏好分析最主要的目的是通过市场调研或数据挖掘掌握圈子中客户的特征和喜好，从而为后续的营销提供决策支持。

（4）遴选营销活动。在完成以上的前期工作后，合作商户可以较为顺畅地开展后续营销工作。在营销活动中，一定要对客户有针对性，做到因人而异地推销服务。例如，针对商务圈人士，其营销方式可优选短信、电邮等，可选择在工作间隙进行推送。这种作为工作调剂的活泼形式更容易被关注。而针对个体户、家庭主妇等，电话推荐仍然是最容易促成销售的方式。

招商银行的实践为利用大数据进行客户开发和定位进行了很好的诠释。根据相关资料[①]，招商银行通过数据分析识别出，持有招商银行信用卡的客

① 赛迪顾问．中国金融行业大数据应用市场研究白皮书．2013.6.

户时常出现在麦当劳、DQ、星巴克等适合小憩的场所。据此，招商银行推出了“积分店面兑换”、“多倍积分累计”等活动来提升营销的针对性。与此同时，招商银行也对客户的交易记录进行深入分析，有效地甄别出更多的小微企业客户，利用云转介平台和远程银行进行交叉销售，取得了非常不错的效果。此外，招商银行构建客户流失预警模型，对流失率等级前 20%的客户发售高收益理财产品予以挽留，使得金卡和金葵花卡客户流失率分别降低了 15%和 7%。

5.3 案例分析

在大数据时代，数据就是一种价值极高的资产。尤其是对于会积累、存储海量数据的资产管理行业来说，它们所拥有的关于客户、投资者和交易的数据更是弥足珍贵。面对大数据带来的变革与挑战，传统的资产管理行业要想站立在大数据时代的潮头，必须加强大数据的获取、分析及转换能力，必须在大数据技术上占有一席之地。否则，就有可能被赶超，甚至被跨界者颠覆。

我们选取了阿里“跨界”和国金“触网”两个案例进行分析，期望通过对“局外人”与“局内人”在大数据时代的表现来更好地诠释大数据对资产管理机构的影响。

5.3.1 阿里“跨界”

作为国内大数据应用的最佳实践者，阿里凭借着规模庞大的用户群所积累的数据及卓越的大数据分析技术，全面进入金融领域，并深入渗透银行业。其以支付宝、余额宝和阿里小贷为依托，隐隐有形成“阿里金融”体系之势，俨然从一个传统的电子商务企业逐步转型为新型资产管理机构。

1．阿里金融体系分析[①]

银行有三大核心业务“存、贷、汇”——“存、贷”即存款和贷款，而“汇”主要是支付结算等中间业务。总体来看，阿里金融通过“支付宝”实现由“电商”到“汇”业务，由“余额宝”实现“汇”到“存”的过程，继而由“阿里小贷”实现从“汇“到“贷”，构成了一个循环。接下来，让我们详细了解阿里金融的“三宝”——支付宝、余额宝和阿里小贷。

1）支付宝

支付宝全称为浙江支付宝网络技术有限公司，是国内领先的独立第三方支付平台。其由前阿里巴巴集团 CEO 马云在 2004 年 12 月创立，是阿里巴巴集团的关联公司，定位于电子商务支付领域。2008 年 8 月底，支付宝用户数首次达到 1 亿。而仅仅 9 个月后，其用户就从 1 亿增长到了 2 亿。2010 年 3 月 14 日，支付宝用户数正式突破 3 亿。同时这也是国内第三方支付公司用户数首次达到 3 亿规模。

---

① 海通证券．阿里金融的野心，如何渗透银行业．2013.8.8.

阿里巴巴集团下的阿里巴巴公司所构造的电商平台是支付宝发展的基础。阿里巴巴通过电商平台积累了庞大的客户群体——淘宝拥有数亿注册用户，年交易额达到万亿级别。无论从人数还是从流量来看都是极其庞大的，其中当然蕴含着无数的支付机会和支付需求。但传统支付方式又无法满足电子商务关于便利性和效率的要求，这就为支付宝的诞生和发展创造了良机。

从目前来看，线上支付最大的应用仍在网购，占到总规模的 42%左右。因此即使从网络购物对线上支付的需求来看，支付宝的出现也是恰逢其时。同时，支付宝的虚拟账户解决了线上支付的最大障碍——由于空间的不对称所导致的钱货两清的困难。理论上来说，线上支付由于空间的距离，难以做到一手交钱一手交货，在传统支付体系中必然有一方要承担额外风险。但是支付宝的虚拟账户就通过虚拟账户交易，由第三方支付承担信用中介的责任，从而解决了这个问题，促进了交易的完成。

纵观支付宝的整个发展路径，它产生和发展的基础是淘宝。但是之后支付宝也走出了自己的“独立行情”。2003—2006 年属于支付宝的起步期，主要依靠并服务淘宝，推出了“担保赔付”制度，扩展了和银行接口的范围。2007—2008 年支付宝处于扩张期，它开始走出淘宝的范围，与卓越、京东等合作并推出了自己的手机平台。2008—2012 年是支付宝的提高期，它的受众范围进一步得到了扩大，开通了电信缴费、教育缴费及一些公共事业缴费，并推出了手机二维码支付。2012 年至今则是支付宝进一步丰富自己内涵的升华期，成立了略带转型性质的“余额宝”。

从支付宝的整个成长过程来看，貌似它和我们所关注的“大数据”联系并不大。但如上所言，支付宝产生和成长的基础是淘宝大量的客户与交易，这正是阿里巴巴集团拥有大量“非结构化数据”的证明。阿里巴巴集团坐拥此“宝山”，必然会产生运用大数据技术来整合数据、提取有效信息的需求。当然，阿里巴巴集团后来推出的云计算和阿里小贷也正好证明了这一点。总的来说，支付宝的出现不仅满足了网上支付的需求，也是对淘宝所积累的大量的交易数据进行了一次初步的整合和梳理，为阿里巴巴集团进一步地运用大数据技术打下了基础。

2）余额宝

余额宝是由第三方支付平台支付宝为个人用户打造的一项余额增值服务。目前，余额宝规模已超过 5000 亿元，天弘基金据此成为中国基金管理公司规模的第一位。有了余额宝这个工具，网上客户一方面可以得到一定的投资收益，另一方面也可以随时随地进行消费、资金转移等，与被广泛使用的支付宝比较起来，并没有任何不便。转入余额宝的资金在第二个工作日会由基金公司进行份额确认，对已确认的份额即时计算收益。余额宝的实质仍然是货币基金，其风险仍然存在，只是在市场波动不大的情况下并不为人所重视。

如上所述，“余额宝”是富有成效的金融创新，但其本质并不高深复杂，亦然是一款货币基金。这类货币基金具有一定的灵活性。一方面可以得到货币基金投资收益，另一方面资金自由赎回，可以随时用于网上购物、转账等。“余额宝”=支付宝+货币基金，分别发挥了货币基金高收益、风险低、可以“T+0”赎回的特点和支付宝可以网上购物、转账的特点，因此余额宝同时具有高流动性和较高的收益。

我们可以根据海通证券研究所的数据进行一个简单的计算：支付宝作为国内最大的第三方支付平台，拥有超过 8 亿注册用户，日均交易额超过 45 亿元。假设每笔交易的周转时间为 5 天，则平均沉淀在支付宝内的资金规模就超过 200 亿元。另外，“余额宝”门槛低，起始资金 1 元，充值下限 0.01 元，这就可以吸引到大量不被银行重视但是也有很强理财需求的小额资金。满足这些小资金的需求，形成了极强的“长尾效应”。积小成大、集腋成裘成就了余额宝大量的资金积淀和合作方天弘基金的快速成长。

对于阿里巴巴集团构造“阿里金融”的策略来说，余额宝有着重大的意义。① 资金的积淀和用户资源的整合与扩张。② 银行的主要业务包括“存、贷、汇”三个部分，而以往第三方支付只能做其中“汇”的部分，这是第三方支付和银行的本质区别。从支付宝的发展战略来讲，“余额宝”的推出，标志着支付宝开始由“汇”到“汇+存”的转型。③ 加强了阿里金融将受众面扩大的能力，虽然会和银行产生一定的竞争，从而造成些许非经营风险，但是能够使阿里金融体系更加深入到小微投资者之中。

从大数据应用的角度来看，余额宝也具有里程碑的意义。一方面，大数据实现了精确营销。根据中国证券报披露①，2013 年余额宝用户人均持有金额为 4307 元，人均年龄为 28.3 岁，1/4 的用户处于大学生年龄段（18～22 岁）。用户群整体呈现草根化、年轻化和“理财无经验”的鲜明特点。同时，这一用户群也是基金和银行等传统资产管理企业不愿服务的“长尾市场”。据统计，2012 年中国基金行业的投资者人均持有金额为 4 万元，而银行理财

① 曹淑彦．余额宝人均持有金额 4307 元，中国证券报，2014-01-08．http://www.cs.com.cn/sylm/jsbd/201401/t20140108_4276320.html．

产品的门槛一般为5万元，难以满足草根用户群的理财需求。凭借对用户特征的大数据分析，余额宝以1元起存的低门槛、T+0的灵活性及高于银行存款利息的收益，精确击中用户需求，在一年内凝聚了超过1亿人的用户群体。此外，在大数据技术的支持下，这1亿用户不断产生的数据又为天弘基金新产品的营销提供了决策依据。余额宝面市一周年之际，天弘基金推出了服务余额宝用户的社交平台“宝粉网”。以该平台为窗口，天弘基金不断观察和分析顾客的理财习惯和集体行为，并可能择机推出“众筹”等新产品。

另一方面，大数据强化了流动性风险管理。相比于普通的货币基金，新生的余额宝面临着更大的流动性风险。首先，由于与支付宝挂钩，余额宝的资金会在“双十一”、“七夕”等消费高峰期大量流出，形成井喷式的挤兑压力。其次，自余额宝面市以来，来自各方的批评和质疑此起彼伏，负面新闻冲击不断，极易在草根用户中引起挤兑风潮。最后，一般货币基金的T+0交易都需要基金公司先行垫付资金，基金规模越大，垫付资金越多。目前，天弘基金已成为中国最大的公募基金，规模超5000亿元，每日的垫付资金数量惊人，流动性管理的难度巨大。但是，大数据技术为余额宝解决了以上难题。据悉，支付宝每天将天猫、淘宝上通过余额宝进行赎回、消费等行为的数据实时传输给天弘基金。天弘基金的数据分析师将综合这些实时数据和支付宝近十年的消费者数据，对未来的流动性需求进行预测，预测误差一般在5%以内。凭借这一技术，即使出现了2013年“双十一”当日50亿元的巨额赎回，余额宝也能提前调整资产头寸，顺利化解流动性风险。

3）阿里小贷

阿里巴巴集团于2010年6月成立阿里巴巴小额贷款有限公司，阿里小额贷款是阿里金融为阿里巴巴会员提供的一款纯信用贷款产品。阿里小额贷款无抵押、无担保，目前贷款产品对杭州地区和重庆地区的诚信通会员（个人版和企业版）和中国供应商会员开放，贷款放款对象为会员企业的法定代表人（个体版诚信通为实际经营人）。其以借款人的信誉发放，借款人无须提供抵押品或第三方担保，仅凭自己的信誉就能取得贷款，并以借款人信用程度作为还款保证。阿里小贷的产生标志着互联网金融正式步入信贷领域。

阿里小贷的主要产品有两类：针对 B2B 的阿里小贷和针对 B2C 的淘宝小贷。贷款额度在 100 万元以内，期限不超过 1 年；担保方式包括订单贷和信用贷；年息为 18%～21%；授信额度可循环使用。

阿里小贷的产生和发展完全展现了阿里巴巴集团海量的投资者信息数据的储备程度，并淋漓尽致地体现了大数据技术的优势。因为阿里小贷的放贷依据有两个：① 会员在阿里巴巴平台上的网络活跃度、交易量、网上信用评价等；② 企业自身经营的财务健康状况。这两个依据也正是阿里小贷进行放贷的主要风险控制方式。那这些信息是怎么得到的呢？阿里巴巴集团正是通过大数据技术的应用来对自身所拥有的商家、投资者的巨量信息进行处理和云计算得到的。具体的大数据技术应用在风险控制中有以下流程：首先，在贷前，阿里小贷可以调取相关企业的电子商务经营数据，以及该企业的三方认证信息，根据这些信息，阿里巴巴集团能够判断企业信用情况、经营状况和偿债能力；其次，在贷中，阿里巴巴集团充分运用支付宝、阿里云及未来会建立的物流系统实时地监控企业资金流、信息流和物流情况，进行风险预警；最后，在贷后，阿里巴巴集团能够运用积累的数据，持续监控企业的经营行为，积累信用数据，并对违约客户处以限制或关停其网络商铺等措施。

当然，除了大数据，依托电商平台、支付宝和阿里云，阿里小贷实现了客户、资金和信息的封闭运行，有效降低了风险因素。随着未来阿里巴巴集团自建物流的形成，可以实现平台内物流、资金流和信息流的闭环运行，从而更好地控制潜在风险。

2. 阿里金融成功的因素分析

根据上述分析，可以总结阿里金融成功的因素主要有以下两个方面：第一，各平台相互连接、互相促进。“阿里巴巴（B2B 平台）→淘宝网（C2C 平台）→支付宝（线上支付平台）→天猫（B2C 平台）→阿里小贷和余额宝（网络金融平台）”是一个以客户为中心，按照“客户需求+应用场景（平台）+解决方案（金融、技术）”的方案在平台之上再搭建平台并相互支持的过程，随着平台的发展，客户规模不断扩大，客户黏性不断加强，其业务创新和扩张能力又进一步增强，当然整个阿里金融体系的功能也在不断完善，实力也在不断增强；第二，以平台和网络为中心整合中小客户资源。在这块市场上，阿里金融有着传统银行无法企及的优势，因为对于传统银行来说，小微企业及网店店主融资金额小、时间短、频率高，单次融资收益低，难以覆盖银行成本；同时中小企业触达渠道少，银行无法投入大量人力拓展市场；另外中小企业通常财务信息透明度较差，银行无法对之进行有效的资信评估和风险控制。以上种种因素导致传统银行业注定不能覆盖到小微贷款领域。而对阿里金融来说，它依托电子商务平台和支付平台，实现资金流和信息流的闭环运行，从而解决信息不对称问题；同时依托大数据技术，应用阿里云计算能力，能够更好地对商户的经营信息进行收集、整合和分析，帮助进行风险控制分析——对阿里来说，几乎没有涉及小微贷款领域的障碍。

5.3.2 国金“触网”

2013 年 11 月 23 日，国金证券发布公告称将与腾讯合作，利用腾讯旗下的庞大用户群协助国金证券进行用户流量导入，并进行证券在线开户和交易、在线金融产品销售等服务。2014 年 2 月 20 日，其合作的首个产品“佣金宝”正式上线。投资者通过腾讯股票频道进行网络在线开户，即可享受万分之二的交易佣金。紧接着，2014 年 3 月 7 日，佣金宝手机开户上线。到 2014 年 3 月 24 日，佣金宝又开通创业板投资权限在线转签功能。业界将国金证券与腾讯的这一系列合作形象地解读为国金“触网”。

1. 佣金宝简介

佣金宝是国金证券与腾讯战略合作之后，推出的证券行业首个“1+1+1”互联网证券服务产品。只需要通过个人电脑终端及手机终端即可为投资者 7 × 24 小时网上开户，线下办理渠道落地在国金证券上海西藏中路营业部（佣金宝客户业务可在全国营业部办理），客户在佣金宝成功开户后即可享受“万分之二”（含股票交易规费）沪深 A 股、基金交易佣金率。佣金宝同时也为投资者的股票账户保证金余额提供理财服务，并为佣金宝客户打造高价值咨询产品，提供股票等产品的投资建议，帮助客户在股市获取投资收益。与传统的券商服务相比，佣金宝有四大创新。

（1）24 小时网络开户。用户可在腾讯股票频道进行网络在线开户，只需在电脑前准备“二代身份证、手机、摄像头、传声器、耳机或音响、银行卡”，免去到营业部开户的麻烦。

（2）万分之二的佣金。目前，全国范围内北上广深等一线城市的佣金约万分之五以下，但不少三四线城市的营业部还在按照千分之三顶格收取佣金。券商收取的佣金中包含需要交给交易所或证监会的规费，比例约为万分之一点五至万分之一点八，加上营业部需要缴纳的营业税，券商的成本基本上就是万分之二，国金证券对佣金宝的用户只收取万分之二的佣金，属行业最低。

（3）保证金余额理财。券商保证金是股民投资股票账户中那些因未满仓而闲置的资金，国金证券将为保证金余额提供理财服务，预期收益率大幅超过活期储蓄收益，而且强调不参与收益分成，仅收取极低管理费。

（4）提供咨询服务。国金证券表示将持续为投资者提供增值服务，包括高价值咨询产品，打破了以往券商不为散户提供增值服务的“惯例”。

2. 国金证券 VS 嘉信理财①

嘉信理财 1971 年成立于旧金山，1975 年成为全美第一家佣金折扣商，为价格敏感的中产阶级提供全能金融服务。公司用 20 年时间，由折扣经纪商转变为规模庞大的资产管理公司。从产品、流程、系统、速度等多个执行层面来看，国金证券参考的正是嘉信理财模式。

（1）主动降低佣金率。佣金自由化进程以来，嘉信理财便采用低佣金率的竞争策略。到 1998 年，公司将传统交易和网上交易整合，统一降低佣金率，以此防止客户资产流失。据统计，1995 年单笔交易的佣金达到了 73 美

① 招商证券．互联网金融专题之二：且论发展，休谈颠覆．2014.3.6.

元以上；而至2010年，这一数据已经降到12美元左右，其复合增长率为-11%，高于整个行业（行业同期的佣金率年均降幅约 8%）。与嘉信理财相比，国金证券同样也是采取低佣金、降佣金的策略，现其佣金宝用户的佣金率为行业最低——万分之二。

（2）对客户闲置资金支付利息。1989 年以前，嘉信对客户在经纪账户中的闲置资金是不支付利息的，1989 年开始将客户的闲置资金以周为期限，自动转入 Schwab Fund 货币基金账户，获得利息收入。同样，国金证券将为保证金余额提供理财服务，国金公告首期将推出货币基金型客户保证金理财产品，腾讯为公司提供支付接口，为理财产品销售提供支持和技术保障。这将在提高客户操作便捷度的同时，提升客户保证金回报率，国金证券只对此收取极低的管理费。

（3）开放的服务平台。嘉信是典型的佣金折扣商，它最初的目标客户定位是“独立投资分析、独立投资决策并对佣金率敏感的客户”。20 世纪 90 年代之后，为了吸引有研究需求的机构和个体客户，嘉信才逐渐地和第三方研究平台合作，引入第三方服务。而国金公告称，将与腾讯共同打造系列品牌活动和线下活动平台，服务客户，聚集高端人群，并表示将持续为投资者提供包括高价值咨询产品在内的增值服务。

（4）在客户资产增长的基础上，将经纪佣金收入转化为资产管理费收入。1992 年，嘉信理财首次推出了 Mutual Fund OneSource 基金超市。客户开立账户后，可以同时购买平台上各类风格和不同基金公司推出的基金；嘉信创造性地允许客户将所有的基金统一在单个的账户中，以此帮助客户减少不同类基金在购买、赎回中的佣金与手续费。这一举措深受对佣金敏感型的个人投资者的青睐。1993年，OneSource客户资产为83亿美元；而到1999年年末，已经增加到了1023亿美元，复合增长率超过50%。嘉信低佣金的方式，帮助其积累了客户，也扩大了自身管理的资产规模。其他基金公司在嘉信平台上销售产品的时候，需按照每日资产余额向嘉信缴纳管理费。据嘉信1998年、1999年、2000年年报披露的数据，公司在OneSource账户中向基金公司收取的平均管理费率分别为0.28%、0.27%和0.33%。1998年，资产管理收入是1.75亿美元；而到了2010年，这一数字已经超过6亿美元，增长率超过11%，在营业收入中的占比也由1998年的6%增至2010年的15%。如果国金证券要把嘉信理财这种模式贯彻到底的话，那么该项基金业务它还是尚未涉及的。当然，从国内政策的角度考量，想要最终实现这种模式还有比较多的障碍。现在来看，国金证券愿意在经纪业务上自废武功，与腾讯对接，实现跨越升级，是现实的共赢的最优组合，但如何形成新的商业模式，OneSource模式肯定是值得国金证券借鉴的。

综上所述，国金证券的低佣金、保证金余额理财等特点正是模仿了嘉信理财的模式，但是国金证券所走的路明显还没有嘉信理财那么远。而且国金证券推出的佣金宝还存在着瑕疵：如需要转户的老客户，需持有效身份证明文件、证券账户卡至原券商营业部申请，如持有股票还需办理转托管等，网上转户也并未有效地缩减投资者的时间成本。另外，由于国金证券推出佣金宝是在上海营业所推出的，因此想要享受万分之二佣金的投资者的指定开户证券营业网点必须在上海，那么投资者一旦需要办理融资融券、股指期货及期权等新业务，还需要到上海的营业网点办理，有非常大的不便利性。因此，从现在来看，国金证券要想真正变身为中国的“嘉信理财”，还有很长的路要走。

3.“触网”的意义和影响

关于国金证券选择走嘉信模式的道路并和腾讯联手，笔者认为有如下重大意义：

（1）现下的时代是“大数据”和“互联网金融”的时代，而企业内部的经营交易信息、物联网世界中的商品和物流信息及互联网世界中人与人交互信息和位置信息等是“大数据”的三个主要来源。国金证券和腾讯联手后借助于腾讯的互联网平台就已经在大数据的抢滩登陆战中提前了一大步，占据了先机优势的同时大大丰富了获得互联网世界中人与人交互信息的可能性。

（2）从国金证券自身来看，其作为民营背景券商体制灵活、决策效率高，对互联网等新生事物接受能力更强，对腾讯等互联网公司的文化也更加能够认同，同时其营业部数量较少，可以克服其他券商线上线下价格不一致所带来的阻力。而国金证券与腾讯合作正是深入挖掘了自身的优势并更加深入地契合互联网金融的发展趋势。

（3）互联网具有天然的排他性，第一个吃螃蟹的人也注定会有第一位的殊荣和好处。虽然从腾讯的平台战略来看，国金证券与其合作不可能有持续的排他性，但互联网天然的排他性会帮助第一个合作者。因为首先传统金融基于 IOE（IBM、ORACLE、EMC）的系统无法满足互联网金融需求，系统对接和改造需要较长的时间周期。其次，互联网往往以极致体验的明星产品创造口碑效应，第一个产品往往具有极大的竞争优势和壁垒。天弘与阿里合作的余额宝、华夏与微信合作的理财通都是例证。国金证券以远低于现在平均佣金率的万分之二成本佣金率推出网上开户，依靠自选股的产品设计和推送能力创造出产品佣金宝，很有希望创造明星级产品，抢占市场先机。

（4）腾讯作为中国互联网公司的领头羊，拥有即时通信市场极高的份额和海量的用户数据储备。虽然国金证券和腾讯的合作还没有非常深入，但是可以设想国金证券和腾讯共享数据库、共同分享大数据所带来的利益的前景。如果我们稍微偏激一点的话，甚至可以设想在未来将腾讯 QQ 用户与国金证券的开户用户进行有效的重叠和整合，这将又是一个巨大的市场。

国金证券与腾讯联手推出佣金宝后，券商市场受到了明显的影响。首先是原本平稳的券商佣金率开始出现较为激烈的竞争，原本对佣金率比较麻木的部分投资者开始对佣金率变得敏感并对券商提出了降低佣金率的要求。其次是原本就蠢蠢欲动向互联网金融的大方向逐步靠拢的各家券商更加快了其脚步，开始急切地寻求和互联网公司的合作。再次就是各家券商公司也更加意识到大数据技术应用的重要性，不断地去寻求更加高效的数据处理方式并追求优质的数据处理结果。最后，国金证券和腾讯联手对券商市场所造成的影响可以用一个实例来说明：继国金证券推出“佣金宝”并引发热议后，中山证券与腾讯于 2014 年 3 月 27 日宣布战略合作，在移动金融平台推出产品“零佣通”——手机开户之后，在沪深交易所买卖交易股票、基金、债券，仅收取交易所手续费、过户费等无法避免的费用，中山证券公司则不收取交易费用。据测算，中山证券的“零佣通”不可避免的交易佣金合计约万分之一，证券行业距离交易零佣金又迈进了一步。

5.3.3 总结

大数据时代，数据为王。电子商务巨头所拥有的客户群和积累的数据量足以令资产管理业内任何一个机构“汗颜”，更何况它们还掌握了领先的大数据分析技术。正是在这样的背景下，业内机构国金“触网”拥抱腾讯，意图弥补自己在大数据和渠道方面的劣势，而阿里“跨界”则源于其希望依靠积累的大数据及卓越的分析能力从金融业高额的利润中分一杯羹。这两个案例体现了大数据对资产管理行业的推动和促进，同时也让我们看到了大数据时代下传统资产管理机构所可能发生的转型。资产管理行业改革的大幕已经拉起，大数据必定是其中最亮眼的一处，让我们拭目以待。

第6章 大数据与金融监管

6.1 如何监管金融企业对大数据的使用

6.1.1 保护金融大数据中的个人隐私：从“个人授权制”到“企业负责制”

随着大数据时代数据类型的丰富和数据分析能力的进步，大量看似不包含个人信息的数据在经过处理后，也能提取出准确的个人信息，从而对个人隐私产生潜在的威胁。在逐利性强、充满诱因的金融行业，这种潜在的隐私威胁更容易转化成对金融企业的竞争对手、客户或企业职员的人身或财产的实质侵害。2013年5月爆发的彭博“窥探门”事件就表明这种危险正广泛地存在于金融行业内。

当地时间5月11日，彭博社承认，公司记者使用彭博社的银行数据终端窥探用户信息，以此来秘密采集新闻。《纽约时报》进一步指出，根据内部初步调查，彭博社 2400 余名记者中，有“数百人”在使用这一终端。作为全球金融业的标配，彭博社信息终端对客户信息进行窥探的消息令包括高盛、美联储、美国财政部在内的金融机构和政府部门警惕起来，并展开系列调查。

事件发生的起因源于一名彭博社记者问一名高盛主管其合伙人是否已经离开高盛，因为这位合伙人有一段时间没有使用彭博终端，这让高盛感到惊讶。高盛后来经过调查发现，彭博社的工作人员不仅可以知道哪位高盛员工登录了终端，还可以知道他们使用了哪些特定功能。这件事引起了高盛内部对使用终端交换信息安全性的担忧。更严重的是，公司策略的安全性可能受到损害。投行合伙人的行踪被纳入监测范围使得高盛等机构对公司战略的泄密产生担忧。

一位曾在彭博社编辑部工作的员工透露，彭博社将美联储主席伯南克和美国前财长盖特纳使用彭博终端的数据信息收集起来展示给新加入彭博社的员工，以此炫耀彭博终端在获取信息数据领域的强大能力。这意味着每个彭博数据终端的用户都可能成为彭博社记者“窥探”的对象。而更严重的是，不仅是用户终端，彭博社的其他渠道也不安全。据彭博社职工透露，彭博社拥有强大的内部数据库，在这个数据库里包括所有彭博消息源的联系方式，甚至是他们孩子的名字、最喜欢的食物和兴趣爱好等私人信息[①]。

自计算机和互联网技术进入金融行业以来，“保护个人隐私”就成为金融行业关注的热点。目前，为了避免侵害个人隐私，“个人授权制”在金融

① 程慧，刘莎莎．彭博“窥探门”掀不起多大浪．国际金融报，2013-05-13（4）．

行业得到了广泛应用：金融企业会提前告知个人信息的相关用途，并获得受访对象的电子或书面许可。但是，这种传统的方法在大数据时代已逐渐失效。与以往的技术革新截然不同，“大数据”不仅在程度上加剧了数据搜集对个人隐私的威胁，更从根本上改变了这种威胁的性质。总而言之，在大数据时代金融行业的“个人授权制”陷入了两种新的困境。

第一，非经济性。舍恩伯格和库耶克在《大数据时代》一书中指出，“大数据的价值不再单纯来源于它的基本用途，而更多地来源于它的二次应用”，“更重要的是，在大数据时代，很多数据在搜集的时候并无意用作其他用途，而最终却产生了很多创新性的用途”[①]。该书认为，这种大数据的“二次应用”和新应用的不可知性，使得信息使用者无法提前获得个人许可。如果每当增加新的用途就必须再次获得个人许可，“个人授权制”将产生不可承担的经济成本，进而无法实施。该书引用了现实的例证对此加以说明：“如果谷歌要使用检索词预测流感的话，必须征得数亿用户的同意，这简直无法想象”，“就算没有技术障碍，又有哪个公司能负担得起这样的人力物力支出呢?”[②]

第二，非可察性。与填写表格、电话访谈等传统的信息搜集技术不同，大数据时代金融行业中个人信息的搜集可以采用计算机程序“悄无声息”地自动完成。采集的信息形式也不再局限于容易防范的文字和图片，而是包罗

① 维克托·迈尔·舍恩伯格，肯尼思·库克耶．大数据时代——生活、工作与思维的变革[M]．盛杨燕，周涛，译．杭州：浙江人民出版社，2013：197.

② 维克托·迈尔·舍恩伯格、肯尼思·库克耶．大数据时代——生活、工作与思维的变革[M]．盛杨燕，周涛，译．杭州：浙江人民出版社，2013：197.

万象。甚至个人在社交网站或移动终端上无意识地留下的“点赞”评价、心情符号、浏览痕迹和功能应用等，都可能被金融大数据涉及。因此，个人信息的搜集将难以被个人所察觉。这在技术层面上为金融企业开启了“方便之门”：在很多情况下，金融企业可以绕过个人授权的环节，直接采集个人信息，而个人对此则浑然不知。例如，2006 年哈佛大学的一个研究项目在著名社交网站 Facebook 上搜集了 1700 名大学生的个人信息，以研究他们的兴趣和人际关系随时间变化的情况。这些数据随后被披露给世界上的其他研究机构进行分析。然而，其他研究机构很快发现，所有被调查者对自身隐私信息被搜集的事情都毫不知情①。

如上所述，大数据时代下的“个人授权制”已陷入非经济性和非可察性的困境，不再适用于金融行业的个人隐私保护。面对这一变革，金融监管机构应该转变思路，制订新的制度和规范，促使金融行业的个人隐私保护模式从“个人授权制”向“企业负责制”进行转型。针对金融大数据的特点，这种转型应该包含两方面的转变。

一方面，监管的内容应该从“金融企业是否获得个人授权”转变为“金融企业如何处置个人信息”。不再唯“个人授权”是论，而是关注金融企业在数据搜集、处理和发布过程中是否遵循相关规定，是否承担起了保护个人隐私的责任。既支持金融企业对金融大数据进行广泛的“二次应用”和应用创新，避免“个人授权”成为金融创新的“拦路虎”；也要保证金融企业对

---

① Boyd D, Crawford K. Critical questions for big data: Provocations for a cultural, technological, and scholarly phenomenon [J]. Information, Communication & Society, 2012, 15(5): 662-679.

个人信息进行了应有的滤除和保护，使金融企业承担保护个人隐私的责任，避免“个人授权”成为金融企业不作为的“挡箭牌”。

另一方面，监管的形式应该从“原则指导”转变为“技术规范”。近年来，我国相继出台了《刑法修正案〈七〉》、《侵权责任法》、《关于加强网络信息保护的决定》等一系列法律法规，个人信息安全的法律保护得到不断加强。但是，这些原则化的法律法规对于不断发展的金融大数据而言缺少实际的操作性。并且，信息技术的复杂性也使得司法过程中的受害人举证和损失评估难以实现，影响了法律法规的实际效力。因此，金融监管机构应该设立具体的规章制度和行业标准，对金融企业在搜集、处理和发布金融大数据的过程中如何处置个人信息进行规范，并明确个人损失的评估方法、企业违规的判定依据和相关处罚的裁量方法。这样，个人信息的保护不但有法可依，还能有章可循，通过规范化的标准与程序落实到金融行业的实际运行中去。

就技术层面而言，金融大数据的“匿名化”处理可能会逐渐成为上述规章制度和行业标准的一个重要核心。“匿名化”处理是指在数据集中将名字、生日、个人账户等可以反映个人身份的信息滤除，将剩下的信息进行利用。金融大数据的“匿名化”在保护个人隐私的同时，也最大限度地减少了信息价值的损失。近年来，虽然业界对交叉检验等技术是否会使“匿名化”失效还存在争议，“匿名化”技术已获得了各国行业监管机构的高度关注，并已在数据监管领域走向实践。2012 年 11 月，英国信息委员会办公室（Information Commissioner’s Office，ICO）率先出台了一系列基于“匿名化”的个人信息保护指导条例。英国信息委员会专员葛拉汉（Christopher Graham）宣称，“这些条例出台的目的在于为从业人员提供一个分析框架，以判断是否需要将信息‘匿名化’，从而保护个人信息。不能正确地将个人信息‘匿名化’的行为将遭到信息委员会办公室的制裁”①。

【案例 1】英国信息委员会的“匿名化条例”与相关争论

2012 年 11 月 20 日，英国信息委员会出台了一系列基于“匿名化”的个人信息保护指导条例。通过“匿名化”这一关键途径，英国信息委员会尝试在行业数据丰富性和个人信息安全性之间谋求平衡。在该条例的指导下，涉及利用个人信息的企业必须采取“匿名化”的措施，并对“匿名化”后的数据是否能重新还原个人信息进行风险评估。英国信息委员会的指导手册《匿名化：管理数据风险》成为英国数据管理公司的必备读物和其设计大数据策略的重要参考标准。该指导手册详细地规定了从业人员应该如何评估数据处理中泄露个人信息的风险，如图 6-1 所示。同时，该指导手册通过翔实的案例分析，解释了如何“匿名化”数据以达到学术研究或商业分析的目的，并介绍了如何在“匿名化”中实现隐私保护和信息自由的平衡。此外，从 2012 年开始，英国信息委员会每年捐赠 15 000 英镑给“匿名化研究会”（Anonymisation Network，UKAN），以支持“匿名化”在公共和私人领域的应用研究。该研究会由曼彻斯特大学、南安普顿大学、英国国家统计办公室和英国开放数据中心共同建立，致力于为大数据“匿名化”提供专业而具体的指导和建议。

① 英国信息委员会网站 http://www.ico.org.uk/news/latest_news/2012/new-anonymisation-code-sets- out-how-to-manage-privacy-risks-and-maintain-transparency-20112012。

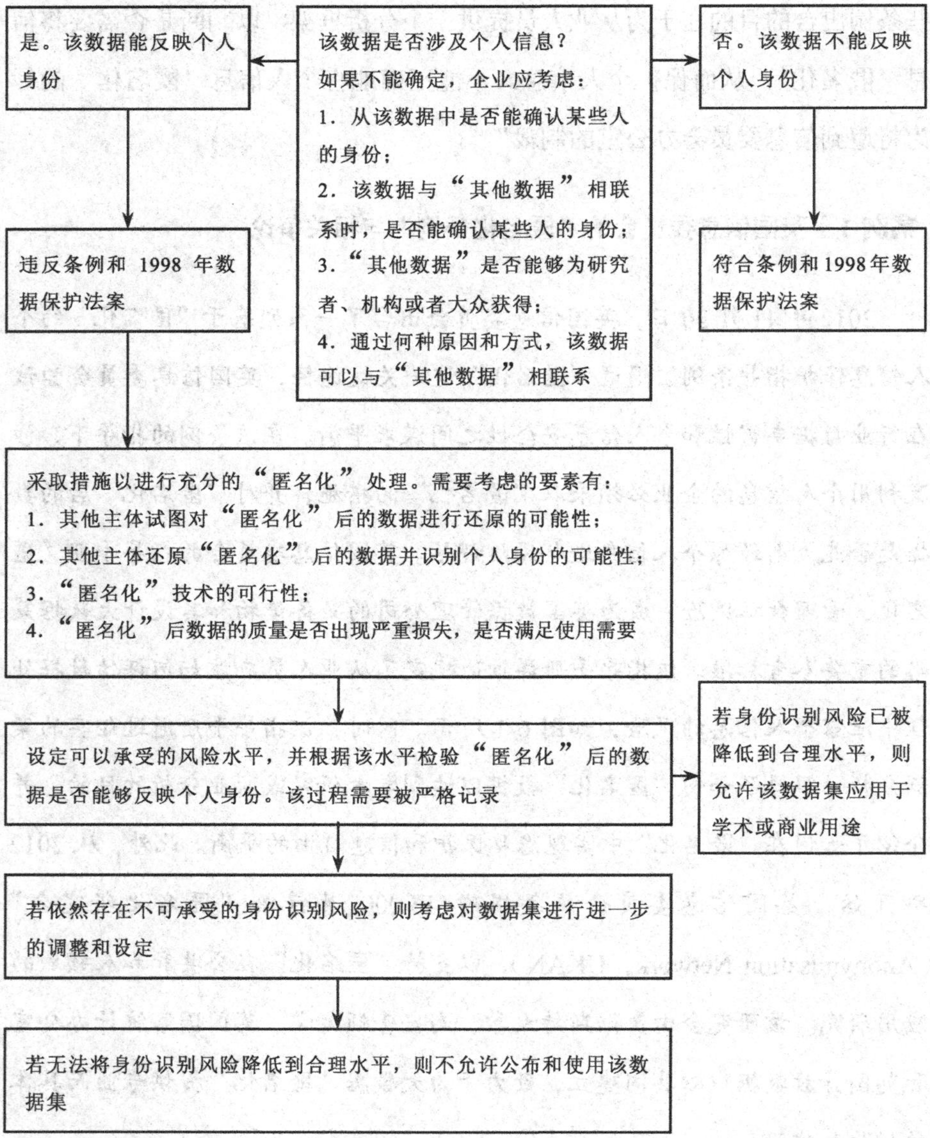

图 6-1　英国信息委员会规定的数据处理流程示意图[①]

① Christopher Graham. Aonymisation: managing data protection risk code of practice[R].UK: Information Commissioner's Office, 2012.

虽然英国监管机构在“匿名化”的方向上已先行一步，但是目前业界和学界对“匿名化”的实际作用还存在争议。《大数据时代》一书指出，大数据之间的交叉检验可能使得“匿名化”对隐私的保护形同虚设。为证明这一观点，该书提出了一个经典的事例：

2006 年 10 月，DVD 租赁商奈飞公司宣布启动“Netflix Prize”算法竞赛。该公司公布了大约来自 50 万用户的约 1 亿条租赁记录，并且公开悬赏 100 万美元，举办一个软件设计大赛来提高他们的电影推荐系统的准确度，胜利条件是把准确度提高 10%。同样，奈飞公司也对数据进行了精心的匿名化处理，然而还是被一名用户认出来了。一个化名“无名氏”的未出柜的同性恋母亲起诉了奈飞公司，她来自保守的美国中西部。

通过把奈飞公司的数据与其他公共数据进行对比分析，德克萨斯大学的研究人员很快发现，匿名用户进行的收视率排名与互联网电影数据库（IMDb）上实名用户所排的是匹配的。概括地说，研究发现对 6 部不出名的电影进行排序，我们就有 84%的概率可以辨认出奈飞公司这个顾客的身份。而如果我们知道这个顾客哪一天进行了排序的话，那么他被从这个 50 万人的数据库中挑出来的概率就会高达 99%[①]。

面对交叉检验技术带来的挑战，英国信息委员会的指导手册《匿名化：管理数据风险》提供了相辅相成的两种解决途径。第一种是建立一个独立第三方机构。这一独立第三方机构从不同的企业获得授权，从而将来自不同企

① 维克托·迈尔·舍恩伯格，肯尼思·库克耶．大数据时代——生活、工作与思维的变革[M]．盛杨燕，周涛，译．杭州：浙江人民出版社，2013：199.

业的、可能涵盖相同人群的数据集进行比较分析，检验是否能够采用交叉检验的方法使多个数据集相互联系并反映个人身份。如果存在身份识别的风险，则由该第三方机构对数据进行修改，以消除多个数据集之间交叉检验的可能性。第二种是采取数据模糊化技术。对于存在相互联系的数据集，第三方机构可以将敏感的数据指标模糊化，比如以数据区间代替精确数据、模糊图片的部分区域等，使得交叉检验变得难以实施。《匿名化：管理数据风险》提出的这两种途径，为维护和增强“匿名化”的有效性提供了新的思路。个人信息模糊化处理示例如表 6-1 所示。

表 6-1　个人信息模糊化处理示例①

原始数据	简单匿名化	匿名化+模糊化
雇员姓名：F. 格拉沃尔	雇员姓名：隐去	雇员姓名：隐去
出生日期：01/09/1973	年龄：39	年龄：35～45
性别：男	性别：男	性别：男
地址：斯蒂文市， 树街 16 号 SV8，6QP	邮编：SV8，6QP	地址：斯蒂文市
入职时间：11/06/1992	就职时间：245 个月	就职时间：18～22 年
皮炎检测：阳性	皮炎检测：阳性	皮炎检测：阳性

① Christopher Graham. Aonymisation: managing data protection risk code of practice[R]. UK: Information Commissioner’s Office, 2012.

6.1.2 规范金融大数据的应用：控制“数据风险”和“鲁莽行为”

近年来，大数据的应用在金融领域崭露头角。基于大数据的金融创新，例如阿里小贷、百度金融等，正方兴未艾。值得重视的是，大数据在推动金融创新的同时，也给金融行业带来新的“数据风险”。同时，从发达国家的经验来看，基于金融大数据的决策可能会导致鲁莽的交易行为，为金融市场带来潜在风险。因此，监管部门应该逐步制定相应的规章制度，完善监管体系和监管手段，规范金融企业对金融大数据的应用行为，避免大数据成为威胁金融市场稳定的风险源头。

1. 大数据与“数据风险”

在《大数据时代》一书中，舍恩伯格和库耶克指出，大数据的发展将带来三大变革：全体数据将代替随机样本，混杂性将代替精确性，相关关系将代替因果关系。目前，这三大变革正带来全新的创业方向、商业模式和投资机会，从而推动金融创新的进一步发展。但是，依赖相关关系、只关注“是什么”而不关注“为什么”的分析方法和决策方式同样带来了新的“数据风险”。

首先，这一风险体现在大数据本身的真实性上。大数据基础上的分析与决策对数据自身的数量和质量非常敏感。在不关注因果关系、只强调相关关系的模式下，数据中一旦混杂了虚假、错误的信息，就可能导致错误的分析、预测和决策。随着大数据时代数据类型的丰富和数据规模的升级，这种风险正在不断扩大。舍恩伯格和库耶克也认为，“数据量的大幅增加会造成结果的不准确，一些错误的数据会混进数据库”[①]。乔治·梅森大学的专家瑞贝克·高尔丁则提出，“大数据”理论建立在“海量数据都是事实”的基础上，但人们无法控制数据提供者和搜集者本人的偏见和筛选。因此，在大数据时代，数据提供者造假将具有更大的危害性[②]。

其次，即使在数据质量合格的情况下，大数据的分析也可能落入“虚假关系”的陷阱。由于不再需要随机样本，传统方法中对于因果关系的逻辑思辨和推断能力不再有用武之地。这也导致大数据揭示的实物间的关系可能并不真实存在，只是数据量扩大带来的假象，从而导致金融企业作出错误的决策并造成巨大的行业风险。对此，北京大学刘德寰教授在《大数据的风险和现存问题中》提出了一个具有代表性的实际案例。

我们以一个实际案例来看一下样本量不断增大之后会出现的问题。表 6-2 是关于 2006 年网络游戏历程扩散的回归分析。当样本量是 5241 个的时候，你会发现用一个简单的线性回归拟合这个数据，年龄、文化程度、收入这 3 个变量显著。当我们把样本量增加到 10 482 个的时候，发现独生子女和女性开始显著；增加到 20 964 个的时候，体制外这个变量也开始显著；当样本量增加到 33 万个的时候，所有变量都具有显著性。这意味着世间万物都是有联系的。那么在这个时候，如果说是上亿个人呢？样本大到一定程度的时候，很多结果自然就会变得显著，会无法进行推论，或者得出虚假的统

① 罗明雄，唐颖，刘勇．互联网金融[M]．北京：中国财政经济出版社，2013：171.

② 陶短房．危险的大数据．国际先驱导报，2013-07-05．http://ihl.cankaoxiaoxi.com/2013/0705/234776.shtml.

计关系。此外，断裂数据、缺失数据的存在将会使这种虚假关系随着数据量的增长而增长，我们将很难再接触到真相①。

表 6-2　数据量增大之后带来的显著性检验问题

变　　量	回归系数	5241	10 482	20 964	41 928	83 856	167 712	335 424
独生子女	0.190	0.158	0.046	0.005	0.000	0.000	0.000	0.000
农民工	0.42	0.789	0.705	0.592	0.448	0.284	0.129	0.032
体制外	–0.131	0.320	0.160	0.047	0.005	0.000	0.000	0.000
女性	–0.188	0.145	0.039	0.004	0.000	0.000	0.000	0.000
年龄	–0.40	0.001	0.000	0.000	0.000	0.000	0.000	0.000
文化程度	–0.320	0.000	0.000	0.000	0.000	0.000	0.000	0.000
收入	0.237	0.000	0.000	0.000	0.000	0.000	0.000	0.000
常量	–1.682	0.000	0.000	0.000	0.000	0.000	0.000	0.000

近年来，大数据应用的相关实践也表明，上述的“数据风险”在现实中不但确实存在，而且屡有发生。2013 年年初，曾经广受赞誉的谷歌流感趋势系统被发现出现了重大错误：与传统的流感监测数据相比，谷歌流感趋势系统明显高估了流感峰值水平，有些地区甚至高估了一倍以上。而在 2009 年，谷歌的模型则低估了流感的爆发规模②。这些实例都表明，当大数据给金融

① 刘德寰. 大数据的风险和现存问题. 易观网，2013-08-19. http://data.eguan.cn/ qitashuju_172316.html.

② 段歆涔. 当谷歌遇上流感：透视网络技术监测传染病优劣. 中国科学报，2013-02-21. http://news.ccidnet.com/art/1032/20130221/4735179_2.html.

行业带来创新动力时，也带来了潜在“数据风险”。金融监管部门应该给予关注，应该建立具体的规章制度和行业标准，规范金融企业基于大数据的分析和决策行为，避免由于数据真实性和“虚假关系”对金融市场的各类参与者，尤其是中小投资者，带来巨大的损失。

2. 大数据与“鲁莽行为”

自20世纪80年代以来，高频交易（HTF）凭借其出色的业绩表现在全球范围内赢得投资者的广泛青睐，并成为目前全球金融市场重要的投资策略之一。近年来，金融大数据的兴起为高频交易提供了更加坚实的技术支持，并促进了交易策略的不断创新。美国学者莫林·奥哈拉和大卫·伊斯利在《金融时报》撰文指出，“高频交易公司越来越依赖‘战略顺序’”，“它包含的算法可以分析金融大数据，以识别出特定市场参与者留下的足迹”。“例如，如果一只共同基金通常在收盘前每一分钟的第一秒执行大额订单，能够识别出这一模式的算法将预判出该基金在其余交易时段的动向，并执行相同的交易。该基金继续执行交易时将付出更高的价格，使用算法的交易商将趁机获利。”①

然而，大数据给高频交易带来策略升级的同时，也带来了风险升级。这些基于大数据的交易算法容易受到上文所述的“数据风险”的干扰。在高频交易的程序化交易过程中，这些干扰难以人为排除，并且会几乎立即形成错误的交易行为，进而给公司造成严重的损失。更为重要的是，在对冲基金林

① Maureen O'Hara, David Easley: "Financial markets are at risk of a 'big data' crash", May 20,2013, http://www.ft.com/cms/s/0/48a278b2-c13a-11e2-9767-00144feab7de.html#axzz2phajTAfw.

立、程序化交易广泛普及的今天，一家高频交易公司的失误，往往会对其他公司交易程序释放错误的信号。这将触发“多米诺骨牌效应”，导致一系列的、遍及市场的错误交易，并将单个公司的风险迅速扩大为市场风险。2013 年 4 月 23 日美国市场的暴跌就是一个生动的例证。当日，黑客盗取了美联社的 Twitter 账号，发布了白宫遭遇袭击的虚假新闻。该消息立即在美国资本市场引起恐慌，并持续了几分钟。纽约股市道琼斯工业平均指数随之大跌约 150 点，标普 500 股票指数和纳斯达克综合指数也出现较大跌幅，纽约油价也跟随下跌。引发本次股市暴跌的一个重要原因就是美国很多对冲基金采用了基于大数据的情绪算法策略。该策略从 Twitter、Facebook 等社交媒体提取市场情绪信息，预测出股票市场的未来走势。一旦有自然灾害或恐怖袭击等意外信息发布，便立即抛售股票。

大数据与高频交易结合所带来的新风险正引起各国金融监管机构的高度重视。2013 年 5 月在纽约大学理工学院大数据金融论坛上，美国商品期货交易委员会（CFTC）专员斯科特•奥马利亚宣称，此类“鲁莽行为”（Reckless Behavior）将逐步成为裁定交易者不正当行为的依据。例如，交易者可以依据成千上万条的社交网站信息进行交易，但是如果仅凭新闻中出现“炸弹”和“白宫”两个词语就大量抛售股票，将被认定是鲁莽的。

在关注该问题的同时，各国金融监管机构正着力保证金融市场的参与者负责地使用大数据技术。例如，美国商品期货交易委员会（CFTC）就曾考虑是否可以由金融监管机构对交易商的算法进行认证，以降低“鲁莽行为”出现的可能性。但是，这种直接管制可能会影响交易商的正常运营，同时可能会导致其算法的知识产权遭到侵害。对此，美国学者莫林・奥哈拉和大卫·伊斯利建议，“各方可以达成一种妥协：让市场参与者提出一系列追踪‘鲁莽行为’的实时指标，例如在买家减少时增加市场抛售压力的行为”，“如果一家交易商逾越了多个‘鲁莽行为’的临界值，它将可能被起诉”，“随着市场的演化，这些指标可以调整变化；最重要的是，它们可通过全体市场参与者的一致同意而制定”①。他们认为，基于美国国家实验室的资源，这种实时监控的指标能够有效地捕捉交易者的“鲁莽行为”，在将违规者扫地出门的同时，继续向诚信的参与者敞开市场。

6.1.3 明确金融大数据的产权：激活交易与创新，打破封闭和垄断

正如本书其他章节所介绍的，金融大数据正在我国金融行业的各个领域推动着革新与突破，逐渐成为未来金融行业发展和创新的重要动力。对此，我国金融监管机构应该与时俱进地构建相应的制度环境，高屋建瓴地建设合适的系统平台，正确引导并充分发挥大数据的力量。目前，大数据在我国金融领域的活力还未能得到充分释放。这主要受到两个现实问题的制约。

1. 数据封闭

大数据驱动金融创新的前提在于，数据能够充分地交流和整合，并创造出更具价值的信息。但是，我国目前的数据储备呈现“总量大、分布散、沟

① Maureen O’Hara, David Easley: “Financial markets are at risk of a ‘big data’ crash”, May 20,2013, http://www.ft.com/cms/s/0/48a278b2-c13a-11e2-9767-00144feab7de.html#axzz2phajTAfw.

通难”的特点。虽然我国政府、公共机构和私营企业都持有大量社会经济数据，但是这些数据都孤立地存储在不同平台。同时，相当多的数据因为产权或技术原因无法为外界获得。这就人为地导致了数据的割裂和短缺，致使大量的数据无法高效地转化为现实的经济价值和社会财富。

以中国的四大微博平台（新浪、搜狐、网易、腾讯）为例，“这 4 家公司的数据各自为政，关于微博用户行为分析都是基于对自己现有用户的分析，在这种封闭的数据环境下，很多层面的具体分析都将受到很大的局限，比如重叠用户分析，什么特征的人群会只在一个平台上开设账号，什么特征的人会在不同平台上开设账号，在不同平台上使用风格是否相同，在不同账号下活跃度是否相同，影响因素是什么？这是在封闭的数据环境中无法分析的。”[①]

2. 数据垄断

大数据驱动金融创新的核心在于信息流、资金流和商品流的紧密结合。由于目前我国金融大数据的产权不明晰、交易不畅通，这“三流合一”主要在企业内部进行，这将导致金融行业严重的两极分化。

一方面，同时握有数据和资金资源的电商巨头与商业银行将凭借“数据垄断”获得绝对的竞争优势。比如，阿里巴巴凭借电商平台的数据优势和雄厚的资金实力，先后进入小额贷款、理财账户和保险领域，并向银行领域正

---

① 刘德寰. 大数据的风险和现存问题. 易观网，2013-08-19. http://data.eguan.cn/qitashuju_172316.html.

式进军。而建设银行、工商银行等传统商业银行业逐步起用“沉睡已久”的内部数据，开始了业务创新。

另一方面，金融市场的中小参与者则处于数据和资金两相分离的弱势地位。一般的互联网平台，比如人人网、新浪微博，拥有丰富的大数据资源，但无法向金融服务进行转化。一般的金融企业则缺少大数据的原始储备和获得渠道，难以进行相关业务的拓展。如同其他非自然垄断，这种“数据垄断”一旦形成，将降低金融市场的竞争效率，抑制金融大数据的活力，阻碍金融创新的进一步发展。

为了突破上述困境，中国的相关监管部门应该着力于制定相应的法律法规，为金融大数据的高效整合、信息流与资金流的合理配置创造良好的制度环境。在这一过程中，大数据的财产化和自由交易化将会成为最为关键的环节。

首先，应该从法律上将大数据资源进行财产化。通过立法等形式，将大数据确认为一种财产，并且明确规定大数据的产权如何产生、转移和终结。同时，对于侵害大数据财产权的相关行为，例如黑客攻击、非法传播等，应进行相应的裁量和处罚。这些举措确认了大数据的财产性法益，有利于保护大数据所蕴含的社会经济价值。这将为相关企业开发和持有金融大数据所产生的合法权益提供法律保护，同时也为大数据的进一步交易和流通提供法律支持。与知识产权等非实物资产相似，大数据的财产化将最终促使以大数据的创造、交易、利用为核心的新产业链的诞生，从而创造更多的社会财富。

其次，在大数据财产化的基础上，应该通过制度设计和行业指导，促进金融大数据在市场上以财产的形式自由交易和高效流转。一方面，这种交易将解决“数据封闭”的困境。市场参与者可以通过竞价购买、自由交易的方式，获取并整合来自于不同搜集者或不同平台的大数据资源，从而进一步开发大数据的社会经济价值。这将激活我国大量“沉睡”的数据资源，使其为金融行业的发展贡献力量。另一方面，这种交易将消除信息流和资金流的隔离，进而打破“数据垄断”。在大数据自由交易后，金融市场的中小参与者无须耗费大量的投资进行大数据的搜集和开发，只需要向大数据的供应商，如电子商务企业、社交平台、医疗机构等，针对性地购买相应数据。大数据的供应商也将从交易中获得丰厚的资金回报，从而进一步提高数据的处理能力，形成信息流和资金流的良性互动。至此，金融大数据的进入门槛将大为降低，基于大数据的金融创新将不再是少数电商巨头和银行巨头的专利，从而在金融大数据领域维持相对公平和高效的市场竞争。

近年来，一些国家和地区的监管机构已经在上述两个环节开始了有益的尝试。在大数据财产化方面，中国台湾地区“立法院”在 2002 年修正了刑法相关法条，解释了计算机电磁记录是否属于动产及侵犯此类财产如何量刑的问题。“立法的意图在于，所有电磁记录属于一种独立的应当予以法律保护的客体。虽然可以成为侵犯财产罪的犯罪对象，但是，具有一定的独立性和特殊性。对于盗窃网络数据的行为，则应当增订罪名。因此，新增‘无故取得、删除或变更他人电脑或相关设备之电磁记录，产生损害于公众或他人者，处五年以下有期徒刑、拘役或并处二十万台币以下罚金’。”[1]在大数据自由交易方面，美国主要依靠支持和发展第三方公司来进行大数据的定价与

---

① 于志刚.“大数据”时代计算机数据的财产化与刑法保护[J]. 青海社会科学，2013，3：004.

交易。这些第三方公司成了数据提供者和数据需求者之间的活跃媒介，大幅提高了交易的效率，并降低了交易成本。其中，微软推出的 Windows Azure Marketplace 正成为该类第三方公司的典范。Windows Azure Marketplace 包含了数万亿个数据点，计划为客户提供高级数据和应用程序的一站式购买体验。

【案例 2】微软 Windows Azure Marketplace 数据商店①

Windows Azure Marketplace 数据市场最早在 PDC09 期间推出，当时的 Microsoft 项目代码是“Dallas”。这一产品改变了信息的交换方式，因为它可以在一个市场中为用户提供范围广泛的内容，这些内容由权威的商用和公共信息来源发布。这使客户能够更方便地查找和购买所需的数据，增强客户的分析能力。

如果客户开发一款应用程序，用来标识和安排某次旅程中的停留点，那么客户将需要众多数据，数据来源也是五花八门。在数据市场推出之前，客户必须首先查找各种数据来源，才能满足应用程序对不同类型数据的需求。查找期间，客户需要访问很多家公司的网站，以便确定他们是否提供客户需要的数据、是否打包销售这些数据并且价格符合客户的预期。然后，客户必须分别从各家公司直接购买这些数据。例如，客户需要直接联系一家公司（如 Infogroup），购买可让客户标识沿途关注点、加油站和餐馆的数据；联系另一家公司（如 NavTeq），购买实时交通路况信息；再联系另一家公司（如

① Elisa Flasko. Windows Azure Marketplace 数据市场——数据市场简介. MSDN 杂志，2010-11. http://msdn.microsoft.com/zh-cn/magazine/gg309173.aspx.

Weather Central），购买天气预报信息。而这些公司很有可能通过不同的格式来提供各自的数据。有些公司给客户送来 DVD，有些则通过网络服务、Excel 电子表格等方式。

而今，利用数据市场，这款应用程序的开发将变得极其简单。通过数据市场，客户在一个位置（即数据的市场）就能搜索、浏览、试用和购买开发应用程序所需的全部数据。而且它通过统一的接口、标准的格式为客户提供数据。数据市场提供 OData 格式的数据，因此确保客户能够在任何平台上及很多支持 OData 的应用程序中访问数据，包括 Microsoft PowerPivot for Excel 2010 等应用程序。

许多主流的应用程序和网站会生成、存储和使用大量宝贵的数据。但一般来说，这些数据仅在创建它们的应用程序中得到利用。随着 WCF 数据服务和 OData 的推出，Windows Azure Marketplace 为开发人员找到了一个简单的方法，让数据有了更广泛的用途。通过提供一个数据服务平台，让数据不但能更方便地在最初的应用程序中使用，也能更方便地在第三方应用程序中使用。现在，利用数据市场，开发人员不仅有机会在自己构建的应用程序中提供数据，还有机会将存储和维护的数据拿出来销售，获得收益。数据市场构建在 Windows Azure 和 SQL Azure 上，允许发布商为其托管在 SQL Azure 中的数据创建数据集。如果客户的数据已经存储在 SQL Azure 中，则随时可以在数据市场中销售数据。

6.2 如何利用大数据加强对金融市场的监管

6.2.1 技术问题和市场监管特殊性

随着金融行业的不断发展，金融产品越发丰富，交易规则越发复杂，金融市场的监管难度也大幅上升。因此，在 21 世纪初，美国等发达国家的金融监管机构就尝试采用计算机和互联网技术实现金融市场监管的自动化。但是，各国的实践表明，数据处理的技术问题和市场监管的特殊要求严重制约着监管自动化的实现。

首先，数据处理的技术问题已成为阻碍金融市场监管自动化的“拦路虎”。这些技术问题主要包括如下几点。

（1）数据规模。例如，美国股票市场每天产生超过 4 亿次的交易。海量的交易数据对监管系统的处理能力和反应速度都提出了较高的要求。

（2）数据质量。除了一般的数据错误外，金融市场的相关数据还可能因为市场分割、交易指令的寿命等因素，产生各类新型的数据错误。

（3）数据时效性。金融市场的相关数据具有很强的时效性，在一些监管领域，系统必须在一天内完成监测和判断，有些领域甚至要求实时动态监管。

（4）市场调整。在现实的金融市场中，市场结构、市场参与者、法律法规等因素都在持续迅速地发生变化，监管系统必须能够及时作出调整。

（5）隐藏联系。监管系统必须能整合并挖掘市场数据，理清数据背后隐藏的利益关系，从而准确捕捉金融市场的违法行为。

其次，金融市场监管的特殊性也对监管自动化提出了更高的要求。这些要求主要包括两个方面。

（1）预警能力。为了最大限度地减少违规行为对市场造成的损失，自动化的市场监管系统不但要准确识别已发生的违规行为，还要对可能发生的违规行为进行风险评估和提前预警。这一能力对欺诈和市场操纵等违规行为的预防尤为重要。

（2）举证能力。为了支持后续的司法措施，自动化的市场监管系统必须具有向法庭举证的能力，这些证据应该包括例证和详细的统计数据。

目前，大数据技术的发展和应用正在逐渐解决上述的种种难题。美国、中国等国家已经在证券市场、银行系统等诸多领域开始了大数据金融监管的有益尝试，并且取得了令人瞩目的成绩与经验。

6.2.2 美国证券市场的大数据监管实践

早在 2001 年，美国国家证券交易商协会（NASD）就迈出了股票市场大数据监管的第一步。在安然事件、斯图尔特事件等一系列华尔街丑闻相继爆发之后，美国国家证券交易商协会意识到仅凭人力已无法从海量的交易记录中有效筛选出可疑信息并实施监管。因此，该机构开发并采用了名为 SONAR（The Securities Observation, News Analysis, and Regulation System）的自动化监管系统，对美国 NASDAQ 市场、OTC 市场和 NASDAQ-Liffe 市场的内幕交易及欺诈行为进行监测。在实际运用中，SONAR 系统表现出强大的监测能力。该系统的早期版本每天能够处理 8500～18 000 个新闻事件和美国证券委员会的相关报告，并对 25 000 个证券进行"价格-交易量"模型的分析，提供 50～60 个预警给分析员进行审核。经过审核后，部分预警将传输给美国证券委员会或美国司法部用于对违法行为进行起诉。

相比于以前的系统，基于大数据的 SONAR 系统大幅提高了监管的覆盖面和监测的准确度。从 2001 年至今，SONAR 系统已经向美国证券委员会和司法部提交了 180 个违规案例。在违规行为预警方面，SONAR 的准确度达到了旧系统的 3 倍。更为重要的是，SONAR 为分析人员更准确、快捷地提供了监测信息，减少了 50%以上的人工分析时间。采用了 SONAR 系统之后，美国国家证券交易商协会能够以更少的人力实现更加全面的股票市场监管。目前，美国国家证券交易商协会正计划将 SONAR 系统引入债券市场，使其发挥更大的功效。

SONAR 系统科学的数据处理流程为其强大的功能奠定了基础。其监管功能通过下面的 4 个数据处理环节依次实现。

（1）利用文本挖掘技术（Text Mining）从新闻网络和美国证券委员会的相关报告中搜集违规行为的证据。

（2）通过"价格-交易量特征"模型，监控市场行为，搜寻是否有交易出现了违规行为的典型特征。

（3）将以上两个环节提取的证据进行有机整合，并对可能出现违规行为的事件进行评分，估计违规的可能性。

（4）一个图形用户界面（GUI）将以上环节的结果实时地记入预警和举证管理系统中。

值得注意的是，在以上流程中，SONAR 系统对内幕交易和欺诈行为的监测重点各有不同。针对内幕交易，SONAR 系统会重点观测上市公司发布的重大消息。系统会监测股票市场是否对这些信息作出了反应，并根据价格和交易量特征判断是否出现了内部交易。如果发现有可疑情况，SONAR 系统会迅速锁定“内部交易者”的身份，并监控其交易记录。针对欺诈行为，SONAR 系统监控上市公司网站、电邮广告和关注度较高的证券论坛等，搜寻股票交易的欺诈信息，并将其与公司的财务信息进行核实。一旦发现有哄抬股价等欺诈行为，SONAR 系统会联系股票交易商、上市公司和其他机构进一步搜集证据，并依据证据采取相应的强制措施。图 6-2 所示为美国 SONAR 系统数据处理流程示意图。

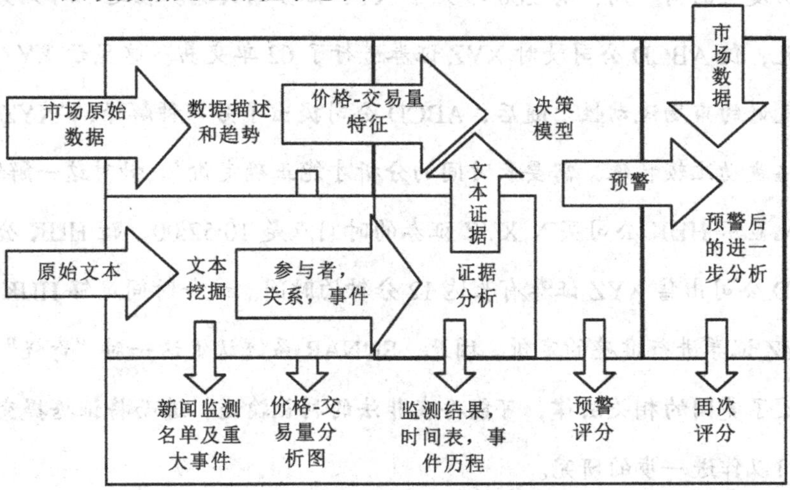

图 6-2　美国 SONAR 系统数据处理流程示意图[①]

① Goldberg H G, Kirkland J D, Lee D, et al. The NASD Securities Observation, New Analysis and Regulation System (SONAR)[C]//IAAI. 2003: 11-18.

【案例 3】美国 SONAR 系统违规交易预警的示例①

2006 年 10 月 15 日，一家交易商 ABCD 公司从另一家交易商 HIJK 公司处，以 70.40 美元的价格购买了 XYZ 证券。HIJK 公司以前购入 XYZ 证券的成本为 69.625 美元，即从该交易中赚取了 1.11%的利润。从 HIJK 公司购入 XYZ 证券的同时，ABCD 公司向客户以 73.40 美元的价格出售了 XYZ 证券，从而获得了 4.26%的利润。这两笔交易都发生在 11:04:00，因而对 ABCD 公司而言形成了一个无风险的套利交易。

这一对"奇怪"的交易被 SONAR 系统检测出来。对此，ABCD 公司宣称，"由于 XYZ 证券交易量较小，市场不活跃，所以在两次交易间形成了悬殊的价差"。然而，这一理由被监测系统轻易驳回。据统计数据显示，在这一对交易发生的前一周，有 260 单关于 XYZ 证券的交易。在这一对交易发生的当天，仅 ABCD 公司就对 XYZ 证券进行了 62 单交易。这显示 XYZ 证券具有良好的市场流动性。随后，ABCD 公司提出了另一种解释，"XYZ 证券的价格波动比较特殊，需要长时间的分析才能正确定价"。针对这一解释，监测系统显示 HIJK 公司买入 XYZ 证券的时间点是 10:52:00，距 HIJK 公司向 ABCD 公司出售 XYZ 证券有长达 12 分钟的时间。这一时间足够 HIJK 公司对 XYZ 证券进行准确的定价。因此，SONAR 系统认定这一对"奇怪"的交易违反了美国的相关法律，可能存在非法的利益输送，进而将证据提交给司法部门以作进一步的研究。

---

① Henry Goldberg: "Research Challenges and Needed Resources for Data Mining in Financial Market Regulation", Oct 11, 2007, http://www.csee.umbc.edu/~hillol/NGDM07/abstracts/slides/HGoldberg_ ngdm07.pdf.

6.2.3 中国证券市场和银行系统的大数据监管实践

近年来，中国证券市场的大数据监管实践也取得了突破性进展。上海证券交易所专门建立了面向监管的大数据仓库。为了更好地服务于监管，上交所把监管涉及的数据划分成若干个主题，如会员、投资者、上市公司等，利用多维分析技术，做到跨部门协同、跨主题关联、跨系统共享。同时，上交所设立多层级的异动指标，分为四大类、72 项，敏感信息分为 3 级共十一大类、154 项。在诸如内幕交易等违规交易行为的侦破中，数据仓库应用发挥了重要的作用。

深圳证券交易所建立了九大报警指标体系，根据各个时期的交易特征提炼了 204 个具体指标。一旦系统监测到股价偏离了大盘的走势，深交所会立刻核查当天该上市公司的信息发布，并检查特定时点上是否有投资者买入该股票。如果在该公司发布重组、高配送、高送转等利好消息前出现异常交易，深交所就会将其作为重要线索呈报给证监会，由证监会决定是否立案。随着近年来互联网的普及，信息传播的深度、广度和速度都大幅提高。通过在股吧、微信、微博、博客等平台利用消息传播非法获利的手段层出不穷，给监管带来了严峻的挑战。对此，深交所专门派小组去美国学习了 SONAR 系统的监管经验。在借鉴发达国家经验的基础上，深交所开发了以“抢帽子”交易操纵为基础的文本挖掘原型系统，并将该原型系统与股价异动联系起来，构建市场股价综合模型，全面提供对内幕交易、市场操纵、证券欺诈的文本信息监督。

除了证券市场，中国银行系统的大数据监督也开始稳步发展。2008 年，中国银监会启动了现场检查系统（EAST 系统）的建设。该系统构建了先进的现场检查平台，实现了对银行业金融机构大数据的有效挖掘和深度分析，为打击各种违法违规行为提供了技术支持。自 2009 年以来，该系统在浙江、四川、天津、北京、湖北等地区投入使用，取得了良好的监管效果。例如，2013 年在对辖内某银行信用卡业务的现场检查中，湖北省银监局利用 EAST 系统的分析功能，针对信用卡疑似套现在交易数据上常有一些异常表现，如每笔交易金额较大、先还后借且交易间隔时间短等，建立了监测模型。该模型成功筛选出近千笔存在套现倾向的交易，并筛选出恶意透支的可疑名单。

【案例 4】大数据成为中国股市“捕鼠夹”[①]

在已经披露的“老鼠仓”案件中，和大数据监管最密切的可能是博时基金经理马乐的“老鼠仓”案。马乐在 2011 年 4 月 12 日至 2013 年 6 月 21 日期间，曾任博时精选股票证券投资基金的基金经理。2013 年上半年，深圳证券交易所监测系统在数据扫描时，发现一个 10 亿元账户重仓的小盘股和马乐掌舵的博时精选高度重合。以此为线索，监管部门发现了一个涉及巨额资金的“老鼠仓”，该“老鼠仓”涉及的股票超过 70 只。2013 年 7 月，马乐被立案调查，“老鼠仓”东窗事发。

“10 亿资金的账户频繁进出中小板和创业板个股，留下的痕迹太重。有三方面原因：① 账户里个股的股价与其他账户相同个股股价关联度很高；② 个股的成交量占到一定比重之后，深交所的监控系统就会自动把相关账

① 张方海．大数据变身耗子夹 老鼠仓无处遁形．华夏日报，2013-09-09．http://www.chinatimes.cc/pages/moreInfo1.htm?id=130755．

户归类；③ 大资金账户个股的进出时间与公募、私募和信托账户有时间差，是深交所重点监控的对象，也是最容易被大数据所捕获的。马乐的老鼠仓从建立那天起就注定其悲惨命运，出事是迟早的。”北京一位不愿具名的私募经理这样评论。

一位业内专家表示，深交所的大数据处理相对其他行业来说并不是最复杂的。一是因为数据来源就是交易数据，非常容易采集，数据处理方面一般自然人账户很容易被排除。二是数据索引（模型搭建）所需的 4 个基本因素——价格、成交量、时间、空间也是相对确定的。最为关键的是在数据挖掘过程中，在深交所的数据模型搭建中实现了量化分析，之后在开发 API（数据处理）的过程中实现了自动关联、自动聚类、自动分类、自动重排。这样一般的老鼠仓都难逃大数据的法眼。

在 2010 年之前，交易所监察工作主要关注点在于上市公司内幕交易行为和操纵市场行为，对于金融机构“老鼠仓”行为几无涉及。这一时期被曝光的基金“老鼠仓”要么是受到举报，要么是证监会在现场检查中发现端倪。近年来，随着硬件系统和监察理念的不断提升，监管部门的稽查能力得到了极大的提高。证监会透露，目前各证券期货交易所均全面建立预警驱动、信息驱动相结合的异常交易监察模式，打造了性能先进、精准高效、国际一流的市场监控系统，形成了多渠道、多层次的案件线索分析发现机制，通过不断强化扫描监测和风险排查，案件线索发现和报送的及时性、精准度不断提高。

第 7 章 大数据与中国金融安全

7.1 大数据对中国金融安全的新挑战

2013 年被称为“大数据元年”。这一年，美国、日本等国家的大数据发展规划初见成效，国家间的“大数据竞赛”正式拉开帷幕。在国内，大数据在政府管理、新闻传播、金融创新等各个领域的应用也蓬勃发展，吸引了社会各界的热切关注。但是，方兴未艾的大数据技术也是一把双刃剑。对于中国金融市场，大数据在推动金融创新的同时，也在金融信息安全和金融市场风险两个方面带来了新的挑战。

7.1.1 大数据与中国金融信息安全

大数据技术是指一类专门针对规模庞大的数据所采用的数据技术，用来在合理时间内完成数据的撷取、管理、处理，并帮助用户进行科学决策。在金融市场上，数据分析师凭借大数据技术能够对大规模、多种类的低价值数据进行快速反应，并从中提取出高价值的信息。因而，大量隐藏着的金融市场信息将被大数据技术挖掘出来，并加以利用。当这种技术应用逾越合理界限时，就会对我国的金融信息安全造成严重威胁。

1. 数据服务商的“信息滥用”

随着大数据技术的发展，数据服务商将拥有前所未有的信息特权。通过信息的集中化管理和量化技术，数据服务商可以轻易获得用户的大量私密信息。因此，一旦数据服务商将目标对准政府机构或大型金融企业的关键位置，并进行针对性的信息搜集，就可能泄露重要的国家金融信息，进而产生严重后果。

2013 年 5 月，世界顶尖数据服务商彭博社承认，该公司记者使用彭博社的银行数据终端窥探用户信息，以此来秘密采集新闻。其中，窥探的对象不仅包括高盛等金融行业巨擘，更涉及美联储、美国财政部等金融核心部门。受此震动，美联储、日本央行等多国金融机构已深入调查此事。

对中国而言，随着国内金融行业对数据服务的需求不断扩大，来自数据服务商的威胁也正在逐步迫近。以彭博社事件为例，在中国购买彭博终端的不仅有商业银行、证券公司、投行、基金公司，还包括央行及其下属的外汇管理局。目前，中国外汇管理局管理着超过 3 万亿美元的外汇储备，如果涉及外汇储备资产组合的任何交易活动被泄露的话，可能会造成市场动荡，并给中国央行造成打击。

2. 国外机构的“信息监听”

2013 年爆发的“棱镜门”事件展示了美国政府如何利用大数据技术从规模庞大的电话通信和网络信息中对他国民众和政要进行精确监听。这种“海量数据+数据挖掘”的大数据监听模式同样可以用在对他国重要金融信息的窃取中，进而对他国的经济发展和社会稳定造成严重威胁。

就中国而言，中国金融行业的网络系统从软件到硬件都过度依赖国外产品。在信息传输的各个环节中，中国金融企业和金融机构的内部信息可能通过国外生产商预留的“后门”泄露给国外机构，从而成为大数据监听技术的受害者。

以金融行业的核心设备为例，根据 2012 年的统计数据，中国四大银行及各城市商业银行的数据中心全部采用了美国思科公司的设备；思科公司占有中国金融行业设备 70%以上的份额[①]。然而，思科公司不但具有深厚的美国军方背景，更在“棱镜门”事件中被怀疑直接参与了美国政府对中国的监控。

3. 日益复杂的“数据入侵”

大数据的广泛运用将为黑客攻击中国金融企业提供更多的机会。一方面，黑客可以利用大数据同时控制上百万台傀儡机并发起攻击，攻击的数量级远远超过了传统的单点攻击。另一方面，由于大数据的价值密度较小，安

① 孙宏超．“审查”思科．中国经济和信息化，2012（22）．

全分析工具难以对价值点进行精确保护。隐藏在大数据中的黑客攻击能够误导安全检测，给金融企业的网络安全分析带来了新的困难。

与此同时，随着大数据与金融服务的联系日趋紧密，“数据入侵”一旦成功，就可能对金融企业造成巨大的损失。例如，2013 年圣诞节期间，美国零售巨头 Target 公司遭到数据入侵，高达 4000 万张信用卡和借记卡的数据被黑客窃取，相关金融机构损失惨重。

7.1.2 大数据与中国金融市场风险

2013 年，随着阿里小贷等新型金融产品的成功，通过大数据设计金融产品、辅助金融决策在中国金融行业逐渐流行。但是，大数据作为一种复杂的技术工具，其积极作用总是以其合理使用为前提。一旦金融从业者忽视了大数据的自身规律，不负责任地乱用、误用大数据技术，就会扭曲金融产品、误导金融决策，甚至扰乱金融市场秩序和竞争结构。此类风险可以被归纳成如下三点。

1. 数据风险

大数据技术下，依赖相关关系，只关注“是什么”而不关注“为什么”的分析方法和决策方式推动了金融创新，同时也带来了新的“数据风险”。

一方面，这一风险体现在数据本身的真实性上。大数据基础上的分析与决策对数据自身的数量和质量非常敏感。在不关注因果关系、只强调相关关系的模式下，数据中一旦混杂了虚假、错误的信息，就可能导致错误的分析、预测和决策。

另一方面，即使数据质量合格，大数据分析也可能落入“虚假关系”的陷阱。由于不再需要随机样本，传统方法中对于因果关系的逻辑思辨和推断能力不再有用武之地。这也导致大数据揭示的实物间的关系可能并不真实存在，只是数据量扩大带来的假象，进而诱使金融企业作出错误的决策。

近年来，大数据在其他领域的应用表明上述的“数据风险”在现实中屡有发生。2013 年年初，曾经广受赞誉的谷歌流感趋势系统被发现出现了重大错误：该系统基于大数据技术得出的结论明显高估了流感峰值水平。而在 2009 年，谷歌的模型则低估了流感的爆发规模。

2. 鲁莽行为

近年来，金融大数据的兴起为高频交易提供了更加坚实的技术支持，并促进了交易策略的不断创新。但是，大数据给高频交易带来策略升级的同时，也带来了风险升级。这些基于大数据的交易算法容易受到上文所述的“数据风险”的干扰。在程序化的高频交易中，这些干扰难以人为排除，并且可能立即形成错误的交易行为，进而给公司造成严重的损失。更为重要的是，在对冲基金林立、程序化交易广泛普及的今天，一家高频交易公司的失误，往往会对其他公司交易程序释放错误的信号。这将触发“多米诺骨牌效应”，导致一系列的、遍及市场的错误交易，并将单个公司的风险迅速扩大为市场风险。

2013 年 4 月 23 日，黑客盗取了美联社的 Twitter 账号，发布了白宫遭遇袭击的虚假新闻。这一虚假消息触发了大量对冲基金基于大数据的交易策略。在识别到“白宫遭袭”的字样后，这些基金的交易程序立即开始自动抛售股票，美国股市随之暴跌，并引发了一系列损失。受此事件影响，美国商品期货交易委员会随后将此类错误地利用大数据指导交易的行为定义为“鲁莽行为”，并在市场监管中予以高度关注。

3. 数据垄断

大数据驱动金融创新的核心在于信息流、资金流和商品流的紧密结合。由于目前我国金融大数据的产权不明晰、交易不畅通，这“三流合一”主要在企业内部进行。这将导致金融行业严重的两极分化。

一方面，同时握有数据和资金资源的电商巨头和商业银行将凭借“数据垄断”获得绝对的竞争优势。比如，阿里巴巴凭借电商平台的数据优势和雄厚的资金实力，先后进入小额贷款、理财账户和保险领域，并向银行领域正式进军。而建设银行、工商银行等传统商业银行逐步启用“沉睡已久”的内部数据，开始了业务创新。

另一方面，金融市场的中小参与者则处于数据和资金两相分离的弱势地位。普通的互联网服务商，比如人人网、新浪微博，虽然拥有丰富的大数据资源，但无法向金融服务进行转化。中小型的金融企业则缺少大数据的原始储备和获得渠道，难以进行相关业务的拓展。如同其他非自然垄断，这种“数据垄断”一旦形成，将降低金融市场的竞争效率，抑制金融大数据的活力，阻碍金融创新的进一步发展和金融市场结构的进一步优化。

【案例 1】“棱镜计划”与“大数据监听”

1. “棱镜计划”挑战“数据主权”

从 2007 年起，美国国家安全局（NSA）实施了一项绝密的电子监听计划。该计划代号为“棱镜计划”（PRISM），正式名号为“US-984XN”。该计划主要监控的信息涵盖了即时消息、照片、电话、电子邮件、视频会议、存储数据、文件传输、语音聊天、登录时间和社交网络的细节。通过这些信息，美国国家安全局的数据分析师能够获取被监听目标的具体行踪和通信情况。

自启动以来，“棱镜计划”成为美国政府决策的重要辅助工具。美国国家安全局的电话记录数据库至少已有 7 年。项目年度成本 2000 万美元，自奥巴马上任后日益受到重视。2012 年，作为总统每日简报的一部分，项目数据被引用 1477 次，美国国家安全局至少有 1/7 的报告使用项目数据[①]。

目前，美国的“棱镜计划”已对其他国家的“数据主权”和国家安全造成了严重的威胁。例如，自“棱镜计划”被披露以来，德国、法国、西班牙等欧洲多国政要相继被发现遭到监听。德国《明镜》周刊披露，美国在全球大约 80 个地点的驻外使领馆均设置了秘密监听站，获取所在地高官的通信信息，其中欧洲占 19 个，包括法国巴黎、西班牙马德里、意大利罗马等大城市。而早在 2002 年，德国现任总理默克尔的电话号码就已出现在美国国家安全局的监听名单上。根据西班牙《世界报》报道，每月遭到美国国家安全局监听的西班牙电话通话多达 6000 万次。路透社也披露，美国国家安全

---

① 胡超平．揭秘美国“棱镜”计划．南方都市报，2013-06-14．http://epaper.oeeee.com/A/html/2013-06/14/content_1875703.htm.

局在 2012 年 12 月 10 日至 2013 年 1 月 8 日间对意大利 4600 万次通话的数据实施监听；法国更被报道在一个月内有多达 7000 多万次通话被监听。

2. “棱镜计划”中的“大数据监听”

面对数量庞大、种类繁多、渠道分散的监听数据，美国国家安全局如何利用大数据技术搜集和分析有价值的信息？2013 年 7 月 10 日,《华盛顿邮报》披露的美国国家安全局内部资料为人们揭开了“大数据监听”的神秘面纱[①]。

根据《华盛顿邮报》披露的材料，美国国家安全局的“棱镜计划”（PRISM）与“上游计划”（Upstream）共同组成了“FAA 702 项目”。FAA 702 是美国于 2008 年通过的联邦法案。该法案规定，只要认为被监听者在海外，情报机构无须针对个案提出申请，就可监听涉外通话。从披露的材料来看，“棱镜计划”与“上游计划”针对不同的数据源，采取不同的信息监听流程和数据提取技术，从而构成了完整的监听体系。

“上游计划”主要以流经海底光缆及通信基础设施的信息为监听对象。海底光缆是全球数据传输的重要枢纽，也是美国监听项目的重要数据来源。由图 7-1 可知，在当前的全球数据传输中，美国处于绝对的中心地位。全球绝大部分的数据传输要经过美国。在实际生活中，无论人们身处世界的哪一个角落，无论其采用电话通信、电子邮件或其他信息交流形式，其信息并不沿着最近的物理路线传输，而是通过花费最少的路线，因而往往要经过美国。这为美国通过光缆监听全球通信提供了充足的机会和方便的途径。

---

① *NSA slides explain the PRISM date-collection program*. The Washington Post, July 10, 2013. http://www.washingtonpost.com/wp-srv/special/politics/prism-collection-documents/.

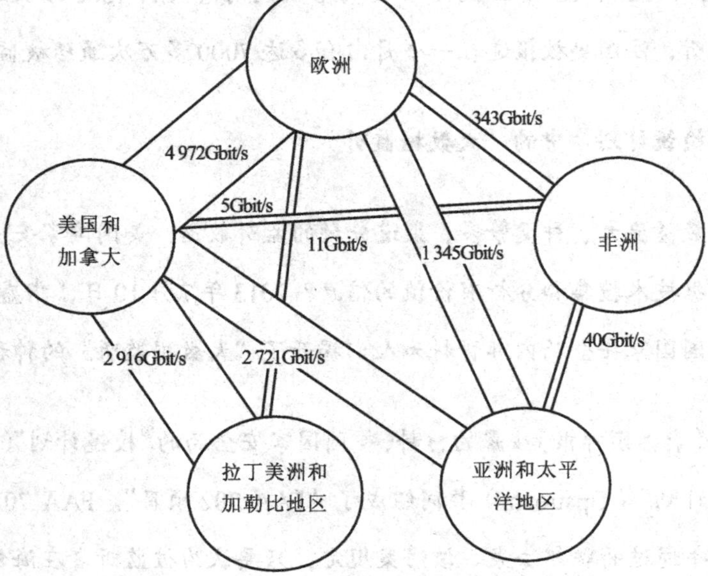

图 7-1 《华盛顿邮报》披露的国际网络带宽分布示意图（2011 年）[①]

“棱镜计划”主要从位于美国的网络服务商直接获取相关数据。这些服务商涵盖了互联网行业的多家巨头，包括微软、雅虎、谷歌、Facebook、Pal Talk、AOL、Skype、YouTube 和 Apple，如图 7-2 所示。例如，2012 年下半年，Facebook 收到 9000～10 000 次政府信息索取要求，涉及 1.8 万～1.9 万用户；微软收到 6000～7000 次政府信息索取要求，涉及的账号达 3.2 万个；雅虎收到 1.2 万～1.3 万次政府信息索取要求[②]。利用其先进的大型数据处理中心，美国联邦调查局（FBI）和国家安全局（NSA）的数据分析师们能够

① NSA slides explain the PRISM date-collection program. The Washington Post, July 10, 2013. http://www.washingtonpost.com/wp-srv/special/politics/prism-collection-documents/.

② 年有愚．雅虎继 Facebook、微软之后发布透明度报告．创见网，2013-06-18．http://tech2ipo.com/60269.

从服务商提供的海量数据中挖掘高价值信息。例如，基于网络上的音视频、图片、邮件、文档及连接信息，数据分析师们能够梳理出个人的身份、位置、行为和联系方式。

服务商	加入时间
微软（Hotmail 等服务）	2007 年 9 月
雅虎	2008 年 3 月
谷歌	2009 年 1 月
Facebook	2009 年 6 月
Pal Talk	2009 年 12 月
YouTube	2010 年 9 月
Skype	2011 年 2 月
AOL	2011 年 3 月
Apple	2012 年 10 月

⇨

监听数据类型
电子邮件
聊天记录
视频
图像
网络存储数据
IP 电话
文件传输
视频会议
被监视目标的网络行为
网络社交的具体细节
其他特殊要求

图 7-2 《华盛顿邮报》披露的“棱镜计划”涉及企业[①]

在监听过程中，美国联邦调查局（FBI）和国家安全局（NSA）的数据专家需要面对大量非结构化的数据，包括视频、图片、被监听目标的行为等。因此，一个全面的数据分析系统被开发出来。在该系统中，不同的子系统用来处理不同类型的数据，各个子系统相互协作，共同完成了对大数据的分析。如图 7-3 所示，美国联邦调查局（FBI）的数据拦截部门从网络服务商处获得

① NSA slides explain the PRISM date-collection program. The Washington Post, July 10, 2013. http://www.washingtonpost.com/wp-srv/special/politics/prism-collection-documents/.

监听数据，然后传输给国家安全局（NSA）的数据处理系统。在子系统PRINTAURA 的自动管理下，数据交由 SCISSORS 子系统和 Protocol Exploitation 子系统进行分类处理，再通过 FALLOUT 子系统和CONVEYANCE 子系统滤去美国公民的信息。此后，音频、视频、通话记录、网络记录分别由 NUCLEON、PINWALE、MAINWAY 和 MARINA 子系统进行分析。

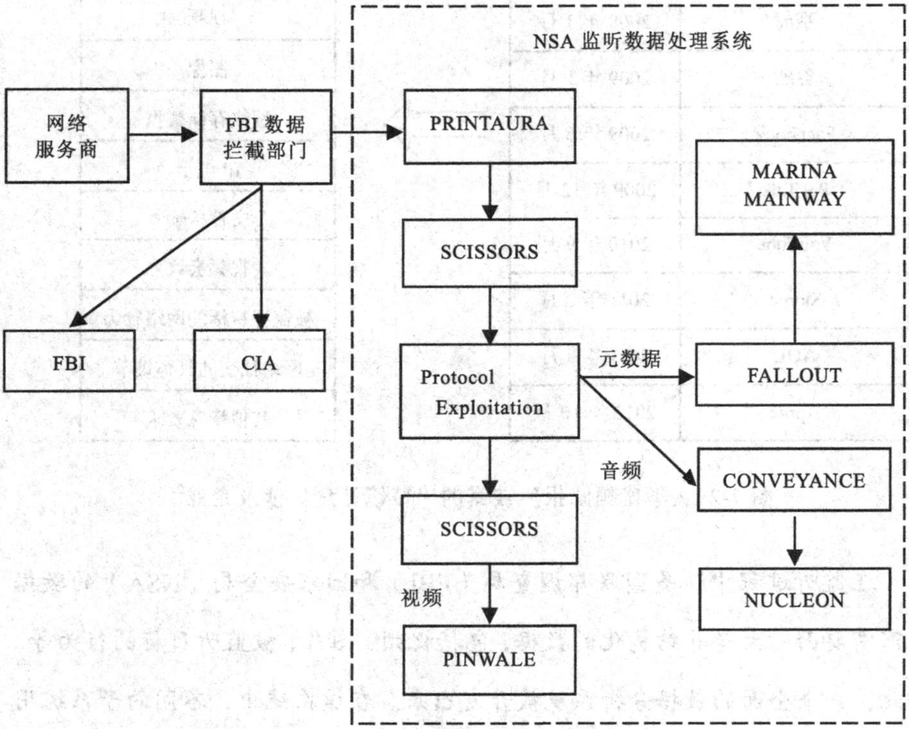

图 7-3 《华盛顿邮报》披露的 NSA 监听数据处理系统[①]

① NSA slides explain the PRISM date-collection program, The Washington Post, July 10, 2013. http://www.washingtonpost.com/wp-srv/special/politics/prism-collection-documents/.

3. “棱镜计划”与“技术霸权”

美国政府的“棱镜计划”再一次凸显出美国在信息技术领域的霸权主义和强权姿态。中国社会科学院美国研究所副研究员刘卫东认为，“棱镜计划”背后隐藏着美国的霸权主义，主要表现在技术上的霸权。刘卫东在接受采访时表示，“美国在计算机和网络信息领域有着绝对的技术优势，它利用这种优势窃取信息，在国际行动中掌握更大的主动权，将技术优势转为战略优势，谋求实际利益”[①]。

美国的“技术霸权”建立在网络和电信核心技术的垄断性优势之上。目前，美国企业在芯片、操作系统、路由器等各个领域都处于世界领先的地位。这些垄断性的技术优势造成各国在多个重要领域严重依赖美国的设备和服务。因此，借助这些产品和服务，美国的“棱镜计划”得以有恃无恐、无孔不入，长期威胁着世界各国的“数据主权”。

新华网指出：“美国硬件生产商、软件开发商、电信和网络服务商、社交媒体等企业——几乎全部 IT 产业链，一直在和情报机构进行广泛、深度的合作”；“美国情报机构可以截取电信、移动通信、电子邮件及社交媒体服务器上的全部数据，然后运用数据挖掘技术进行分析筛选，再综合利用各种信息，可以把被监听者的行为规律、偏好特征等清晰地勾勒出来”[②]。

---

① 刘旭．监听丑闻凸显美国网络信息“技术霸权”．中国新闻网，2013-10-30．http://www.chinanews.com/gj/2013/10-30/5444758.shtml.

② 黄堃，陈勇．以自主创新维护数据主权．新华网，2013-10-27．http://news.xinhuanet.com/world/2013-10/27/c_117888671.htm.

7.2 各国对大数据与金融安全问题的处置经验

7.2.1 应对大数据带来的金融信息安全问题

近年来，国外因大数据技术导致的信息泄露事件屡有发生。各国政府对此均高度重视，并相继出台措施以保护国家的信息安全。统而言之，这些措施主要包括“软防护”和“硬防护”两个方面。

“软防护”是指通过制定行业标准、设置行业门槛等制度措施，规范数据服务商的行为，限制国外信息产品的使用，从而降低遭到“信息滥用”和“信息监听”的可能性。针对“信息滥用”的威胁，2012 年 11 月英国信息委员会办公室率先出台了一系列信息保护指导条例，要求数据服务商通过规定的技术流程滤除用户的身份信息，以保护用户的信息安全；新加坡也于 2012 年颁布了《个人资料保护法》，旨在防范对国内数据及源于境外的个人资料的滥用行为。针对“信息监听”的威胁，2008—2012 年期间美国政府以“国家安全”为由，设置行业准入门槛，多次阻止中国华为等国外制造商参与美国国家应急网络项目等重大项目的建设。

“硬防护”是指通过发展本国的信息技术产业，振兴民族品牌，从而在本国关键的信息系统中，提高软件和硬件的自主化水平，减少使用国外产品产生的“信息监听”风险。在“棱镜门”事件中，欧洲多国领导人的日常通信遭到美国的监听。造成这一恶果的重要原因在于欧洲企业在信息技术领域的科研创新明显滞后，核心技术过度依赖美国。面对严峻现实，德国总理默克尔等欧盟国家领导人及一些欧盟官员、专家呼吁，在欧盟及其各成员国政府的主导下，以多国合作的模式建立具有竞争力的信息技术企业，重建欧洲的“技术自主权”。

7.2.2　应对大数据带来的金融市场风险

金融市场在一国的经济活动中发挥着重要的枢纽作用。因此，虽然全球范围内金融与大数据的“联姻”刚刚兴起，但是各国政府和业界控制相关风险的方案和措施就已经层出不穷。根据着力点的不同，这些方案和措施主要可以分为 3 个方面。

1. 建立第三方审查机构

为了消除“数据风险”和“鲁莽行为”对金融市场的危害，多年前美国商品期货交易委员会等监管机构就曾考虑是否由金融监管机构直接对企业的数据处理方法和交易算法进行认证。但是，此类行为可能会导致另一个困境：政府的直接管制干扰金融企业的正常运营，并导致数据和算法的知识产权遭到侵害。对此，国外许多学者指出，可以参照目前的财务审计制度，设立第三方的大数据审查机构。就像会计事务所审计公司财务信息一样，第三方大数据审查机构凭借其专业能力，在商业协议的框架内对金融企业的数据准确性、分析合理性及算法安全性进行审核，促使其达到政府规定的安全标准。大数据审查机构和大数据审查师由政府按照特定程序进行考核，并授予其执业资格。

2. 实现市场监管自动化

虽然大数据给金融市场的安全带来了新的挑战，但是大数据技术也可以应用到市场监管领域，通过监管的自动化，提升监管效率和监管力度，从而增强金融市场的安全性。即使对人力难以察觉的“鲁莽行为”，自动化的监管系统也能通过一系列的实时指数进行准确监控，并及时预警以阻止损失的发生。从2001年开始，美国国家证券交易商协会采用SONAR自动化监管系统，对美国多个证券市场的内幕交易和欺诈行为进行监测。截至2012年，该系统已经向美国证券委员会和司法部提交了180个违规案例，准确度达到了原有监管系统的3倍，同时减少了50%以上的人工分析时间。采用了SONAR系统后，美国国家证券交易商协会能够以更少的人力实现更加全面的证券市场监管。

3. 发展大数据产业链

大数据给金融市场带来的风险隐患与大数据现阶段的不成熟密切相关。因此，推动大数据产业的发展和成熟，以产业发展解决风险难题，成为消除各类隐患的根本途径。一方面，大数据产业链的整体发展能够提高行业的数据搜集和分析能力，为大数据在金融行业高效安全的应用奠定技术基础。另一方面，产业链的发展也能够降低金融大数据的技术门槛和资金门槛，加速数据资产的交易和利用。这将打破大型企业对数据的垄断，维护金融市场的高效竞争，并为金融创新提供持续的动力。

近年来，多国政府相继出台具体措施，推动大数据产业链的发展。新加坡政府较早地提出了“将数据作为资源”的国家战略。新加坡经济发展局资讯通信与媒体业执行司长吴汭刚认为，“对于新加坡，数据就是未来流通的货币，而我们目前所做的就是将新加坡打造成全球数据管理中心，从而有能力与企业合作，将数据的潜在价值转化为可见的商业利润”[①]。2011 年，新加坡政府资助成立了德勤数据分析研究所，以引领政府和企业对大数据的研究与应用。此后两年，VISA、IBM、埃森哲、联想等国际著名企业的数据分析中心相继落户新加坡。同时，新加坡政府还资助了多所大学的大数据研究活动，并在数据分析领域开设了 4 个硕士课程和 5 个本科课程，以大力培养新一代的数据人才。

除了新加坡政府外，美国政府也将大数据视为“新世纪的石油”，并将大数据的发展上升至国家战略的高度。2012 年，美国政府正式启动了“大数据研究和发展计划”，投资 2 亿多美元形成政府、产业界与学术界的研究互动，以充分发挥大数据对国家安全、经济发展和社会管理等方面的积极作用。受此影响，美国 Splunk 等大数据服务公司迅速兴起，信息租售等商业模式蓬勃发展，相关科学研究也逐步升温。

【案例 2】网络设备制造商与国家信息安全

1. 思科在中国：占据重要市场份额

思科系统公司（Cisco Systems, Inc.）成立于 1984 年 12 月，总部位于美国加利福尼亚州圣何塞。该公司是互联网解决方案的领先提供者，其设备和软件产品主要用于连接计算机网络系统。思科系统公司具有深厚的美国军方

① 赵辉．新加坡经验：大数据时代政府的角色．中国企业家网，2013-09-29．http://www.iceo.com.cn/com2013/2013/0929/271366.shtml．

和政府背景。思科是美国政府和军方的通信设备和网络技术设备的主力供应商，在 2006 年美国 115 个政府部门参与的一场“网络风暴”的网络战演习中，思科是演习的重要设计者之一[①]。

在电信行业，思科的产品几乎全面占据了中国的骨干网络。《中国经济和信息化》的记者调查发现，中国电信 163 和中国联通 169 承担了中国互联网 80%以上的流量。而这其中，中国电信 163 骨干网络中，思科约占 73%的份额，控制 163 骨干网所有的超级核心节点和绝大部分普通核心节点；从 169 网来看，思科在中国联通 169 骨干网中约有 81%的份额；Internet 骨干网络是公众因特网的核心，所有的数据都要经过骨干网进行转发，Internet 骨干网络的安全性是电信行业的重中之重[②]。

除了电信行业，思科的产品在中国金融、航空、铁路等重要系统中也控制着要津，对我国经济、国防等领域的信息安全造成潜在威胁。据互联网实验室出具的数据显示：在金融行业，中国四大银行及各城市商业银行的数据中心全部采用思科设备，思科占有了金融行业 70%以上的份额；在海关、公安、武警、工商、教育等政府机构，思科的份额超过了 50%；在铁路系统，思科的份额约占 60%；在民航，空中管制骨干网络全部为思科设备；在机场、码头和港口，思科占有超过 60%以上的份额；在石油、制造、轻工和烟草等行业，思科的份额超过 60%，甚至很多企业和机构只采用思科设备；在互联网行业，腾讯、阿里巴巴、百度、新浪等排名前 20 的互联网企业，思科设

---

① 张扬．思科卷入“棱镜门”，为何让我们“坐立不安”．人民网，2013-06-18．http://it.people.com.cn/n/2013/0618/c1009-21877308.html．

② 孙宏超．“审查”思科．中国经济和信息化，2012（22）．

备占据了约60%的份额,而在电视台及传媒行业,思科的份额更是达到了80%以上①。

2. 华为在美国：遭到政府频频发难

与思科在中国的大行其道截然不同，中国网络设备制造商华为在美国市场屡次遭到美国政府的“刁难”。而这些限制和阻挠往往与国家信息安全密切相关。

2010 年，美国时任商务部长骆家辉亲自致电移动运营商 Sprint Nextel 的首席执政官，阻挠华为在该公司的网络升级项目中竞标。2011 年 2 月，因为担忧对美国计算机网络造成风险，美国对外投资委员会勒令华为取消对 3Leaf Systems 公司的专利收购。2011 年 10 月，出于国家安全的考虑，美国政府禁止华为参加全美应急网络的建设。

中科院院士倪光南认为，美国政府多次“刁难”华为的现象再次表明了美国政府对“信息主权”的重视。他指出：“过去我们说领土主权，但如果信息被人家掌握，就没有主权和安全，这是一个制高点。美国很清楚，网络基础设备关系到千家万户，就是要自己做，华为再便宜、再好也不用。这实际上给我们上了一课，因为我们还从来没有把信息安全提到过高的位置上。”②

---

① 孙宏超. “审查”思科. 中国经济和信息化，2012（22）.

② 萧然. 业内讨论美国发难华为中兴：中国企业正在壮大. 新浪网，2012-10-15. http://tech.sina.com.cn/t/2012-10-15/20087703598.shtml.

【案例3】奥巴马的“大数据研究和发展计划”

美国奥巴马政府对大数据的重视由来已久。早在 2011 年，美国总统科技顾问委员会（PCAST）就提出了发展大数据技术的相关政策建议。随后，美国网络与技术研发计划（NITRD）专门成立“大数据研发指导小组”，对大数据的发展前景进行研究和评估。2012 年 3 月，奥巴马政府正式宣布启动“大数据研究和发展计划”。

奥巴马政府的“大数据研究和发展计划”致力于加强美国各界从大数据中提取知识和观点的能力，从而推动科学与工程技术的进步，维护国家安全，并为美国的教学与研究带来变革。在这个计划中，政府部门将承担起实践者的重任。具体而言，美国联邦政府的 6 个部门和机构将投入逾 2 亿美元，用以提高政府从大数据中访问、收集、组织和发现信息的工具与技术水平。美国政府希望以此来应对大数据带来的机遇和挑战，在这一革命性的潮流中抢占先机。除了政府的积极努力外，该计划还将加强公私组织间的合作，携手工业界、学术界、非营利性机构一起利用大数据为美国各行各业创造机会。在此背景下，美国多家公司已经赞助大数据领域的比赛，并向研究机构提供资助。大学也开始增设相应课程，以培养下一代的“数据科学家”。非营利性机构也将在大数据技术方面得到帮助，从而对公益性服务的数据进行收集、分析和可视化处理。

表 7-1 列出了奥巴马政府“大数据研究和发展计划”的主要项目。

表 7-1 奥巴马政府“大数据研究和发展计划”的主要项目[①]

政府部门	项目内容
国家科学基金（NSF） 国家卫生研究所（NIH）	（1）合作研发在数据管理、分析、可视化和信息提取领域的关键技术，以推动科学研究的发展 （2）国家卫生研究所尤其关注与医疗有关的分子、化学、行为和临床方面的大数据研究
国家科学基金（NSF）	（1）鼓励开设跨学科研究生课程，培养下一代数据科学家和工程师 （2）向加利福尼亚大学伯克利分校提供 1000 万美元，用以开展相关研究 （3）资助本科生数据处理技术的培训 （4）召集跨学科的研究人员商讨大数据如何改变教学
国防部（DOD）	（1）每年投资 2.5 亿美元开发自动化的数据感知、分析和决策系统 （2）每年投资 2500 万美元资助 XDATA 项目，以开发分析半结构化和非结构化数据的计算机技术和软件工具
国家卫生研究所（NIH）	将千人基因组计划的数据（全球最大的人类基因变异数据集，总量达 200TB）对外免费开放
能源部（DOE）	（1）投资 2500 万美元建立“可拓展数据管理与可视化研究所” （2）6 个美国国立研究中心和 7 所大学将合作研究基于超级计算机的数据管理和可视化技术
地质调查局（USGS）	John Wesley Powell 中心将启动新的大数据研究项目，以辅助地质学领域的前沿研究，例如新一代的生态指标、地震复发率等

① 编译自 http://www.whitehouse.gov/sites/default/files/microsites/ostp/big_data_press_release_final_2.pdf。

7.3 我国应对大数据与金融安全问题的原则及措施

目前，基于大数据的金融创新在中国金融市场备受关注，并以燎原之势迅速发展。随着大数据与中国金融的联系不断深化，大数据对中国金融安全的挑战也悄然而至，成为未来中国金融行业必须面对的难题。面对这些挑战，我们应当借鉴国际经验，立足自身国情，从法律制度、产业发展和市场监管3 个方面合理布局、科学应对，从而趋利避害，充分发挥大数据对中国金融系统的积极作用。

7.3.1 应对挑战的“两个原则”

根据大数据的自身特点和各国的现有经验，中国在应对大数据与金融安全问题时，应当立足“两个原则”，以构建合理的应对措施体系。

1. 发展性原则

一方面，我们应该认识到，目前大数据对中国金融安全的种种威胁，归根结底是由于大数据现阶段较低的发展水平导致的。因此，这些问题应该通过加速大数据的产业发展和技术完善来解决。相反，因为目前的缺陷而减缓甚至阻碍大数据技术在金融领域的应用，只能导致因噎废食的后果，使中国在“大数据竞赛”中落后他国。

另一方面，大数据产业及其与中国金融市场的联系都处于高速发展的阶段。因此，应对措施的制定必须考虑发展的因素，具有一定前瞻性和兼容性，既要针对当前问题作出有效处置，又要能对未来变化作出充分调整，避免出现措施“出台即落伍”的情况。

2. 自主性原则

首先，自主性是指措施的设计应当立足于本国国情。虽然各国的实践提供了宝贵的经验，但是中国与各国的技术水平、基本国情和国家战略都存在较大差异。因此，应对大数据与金融安全问题的措施也应该“以我为主”，选择性地吸收国外经验，开创符合中国国情的道路。

其次，自主性还意味着措施的实施应当依靠本国的企业和技术。2013 年的多起信息泄露事件已经反复证明，通过国外企业和技术实现金融数据保护，只能是开门揖盗。只有不断发展本国的民族企业和自主技术，才能在金融信息传输的全流程中实现真正的信息安全。

7.3.2 综合处置的“三个方面”

根据中国目前的监管体系和产业结构，处置大数据与金融安全问题是一个综合性的课题，需要多方面的齐抓共管。本文认为，应该从以下 3 个方面采取具体措施，以全面应对大数据对中国金融安全带来的新挑战。

1. 在法律制度方面，应该实现“两个确立”

首先，通过立法等形式，将大数据确认为一种财产，并且明确规定大数据的产权如何产生、转移和终结。同时，对于侵害大数据财产权的相关行为，例如黑客攻击、信息监听等，应进行相应的裁量和处罚。这些举措为从数据角度维护我国金融安全提供了法律基础，并为打击各种侵犯行为提供了法律依据和量刑标准。

其次，通过行业标准等形式，设立金融企业和数据服务商在数据使用和算法开发中的国家安全标准，引导金融行业正确使用大数据技术，减少相应风险。

2. 在产业发展方面，应该注重“三个支持”

第一，支持本国信息产业的发展。通过提升本国在软硬件领域的自主技术水平和市场竞争力，减少在银行数据中心等关键领域对国外厂商和技术的依赖，实现金融数据通道的独立自主。

第二，支持本国数据服务商的发展。本国数据服务商的发展不但能打破国外数据终端的垄断地位，避免“彭博门”事件的再度发生，也能降低大数据技术的应用成本，使得大数据技术更广泛地服务于中国的金融行业。

第三，支持第三方数据审查机构的发展。通过政府考核授权的形式，培育一批独立的数据审查机构，为金融企业和数据服务商提供数据与算法的合规性审核，从而规范大数据在金融行业的应用，充分发挥大数据的积极作用。

3. 在市场监管方面，应该推进“一个变革”

随着大数据在金融行业的广泛应用，金融市场监管的难度也逐步增大。对此，金融监管应当积极地从依靠人力的、事后的监管向依靠大数据技术的、预警性的监管逐步转变。一方面，基于大数据技术的监管自动化，能够成倍地提升监管的效率和准确度，降低监管成本，使得监管机构能够有效应对日益复杂的市场问题。另一方面，基于大数据技术的实时监控和风险预警，能够在“鲁莽行为”等恶性行为造成实际危害前及时发现和阻断这些行为，从而降低违法行为对经济和社会造成的实际损失，保障中国金融体系的安全。

参考文献

[1] Aldridge I. Market microstructure and the risks of high-frequency trading[J]. Available at SSRN 2294526, 2013.

[2] Boyd D., Crawford K. Critical Questions for Big Data: Provocations for a Cultural, Technological, and Scholarly Phenomenon [J]. Information, Communication & Society, 2012 (5).

[3] Christopher Graham. Aonymisation: Managing Data Protection Risk Code of Practice[R]. UK: Information Commissioner's Office, 2012.

[4] Elisa Flasko. Windows Azure Marketplace data market. [EB/OL]. 2010.

[5] Goldberg H. G., Kirkland J. D., Lee D. et al. The NASD Securities Observation, New Analysis and Regulation System (SONAR) [C]. IAAI, 2003.

[6] Henry Goldberg. Research Challenges and Needed Resources for Data Mining in Financial Market Regulation [EB/OL]. 2010.

[7] Hubbard D W. How to Measure Anything: Finding the Value of Intangibles[J]. Business, 2nd Edition. Hoboken, New Jersey: John Wiley & Sons, Inc, 2010.

[8] Labrinidis A, Jagadish H V. Challenges and opportunities with big data[J]. Proceedings of the VLDB Endowment, 2012, 5(12): 2032-2033.

[9] Maureen O'Hara, David Easley. Financial Markets Are at Risk of a "Big Data" Crash [EB/OL]. 2015.

[10] Mayer-Schönberger V, Cukier K. Big data: A revolution that will transform how we live, work, and think[M]. Houghton Mifflin Harcourt, 2013.

[11] New Anonymisation Code Sets Out How to Manage Privacy Risks and Maintain Transparency [EB/OL]. 2012.

[12] NSA Slides Explain the PRISM Date-collection Program [EB/OL]. 2013.

[13] Tsay R S. Analysis of financial time series[M]. John Wiley & Sons, 2005.

[14] USA Whitehouse website. Obama Administration Unveils "Big Data" Initiative: Announces $200 Million in New R&D Investments[EB/OL].

[15] Xiaofeng M, Xiang C. Big data management: concepts, techniques and challenges [J][J]. Journal of Computer Research and Development, 2013, 1: 98.

[16] 巴曙松，陈华良，王超等．2013 年中国资产管理行业发展报告[M]．北京：中国人民大学出版社，2013．

[17] 白朝阳．美国“八大金刚”渗透中国大起底[J]．中国经济周刊，2013，24：32-35．

[18] 岑伟．量化金融投资的魅力——论小型软件企业发展方向[J]．时代金融，2014，17：162-163．

[19] 陈健，冀超君．大数据的应用及其发展趋势[J]．山西科技，2014，02：95-96．

[20] 陈舒. 公共危机管理中移动电子政务建设研究[D]. 东华大学，2014.

[21] 程慧，刘莎莎，彭博. “窥探门”掀不起多大浪[N]. 国际金融报，2013-05-13.

[22] 戴立乾，陈娜. 浅议云计算时代下 GIS 的发展[J]. 安徽农业科学，2009，31：15556-15557+15572.

[23] 丁鹏. 量化投资：策略与技术[M]. 北京：电子工业出版社，2012.

[24] 东方证券. 互联网改变金融. 证券研究报告，2013.8.

[25] 段歆涔. 当谷歌遇上流感：透视网络技术监测传染病优劣[N]. 中国科学报，2013-02-21.

[26] 巩春辉，何汇溪. 新凯恩斯主义货币政策理论研究[J]. 商场现代化，2014，13：134-135.

[27] 光大证券. 数量化投资：体系与策略. 证券研究报告，2012.9.10.

[28] 郭强，马文鹏. 中国互联网金融的发展脉络与现实约束——以阿里金融为例[J]. 华北金融，2014，05：50-54.

[29] 海通证券. 阿里金融的野心，如何渗透银行业. 证券研究报告，2013.8.

[30] 胡超平. 揭秘美国“棱镜”计划[N]. 南方都市报，2013-06-14.

[31] 黄堃，陈勇. 以自主创新维护“数据主权”. 新华网. 2013-10-27.

[32] 林华军．互联网金融对资产管理行业的冲击分析[J]．商，2014，01：321+316.

[33] 刘百惠．对互联网金融热的冷思考——以余额宝为例[J]．商场现代化，2014，13：135-136.

[34] 刘德寰，李雪莲．大数据的风险和现存问题[J]．广告大观（理论版），2013，03：67-73.

[35] 刘烈宏．构建我国信息安全产业体系的思考[J]．全球化，2013，12：80-89+125-126.

[36] 刘书真，封惠子，袁铮．基于ARMA模型对余额宝未来收益的预测[J]．时代金融，2014，12：17-18.

[37] 刘旭．监听丑闻凸显美国网络信息“技术霸权”．中国新闻网，2013-10-30.

[38] 娄飞鹏．商业银行应用大数据优化经营管理策略研究[J]．南方金融，2014，05：92-95+26.

[39] 罗明雄，唐颖，刘勇．互联网金融[M]．北京：中国财政经济出版社，2013.

[40] 马建光，姜巍．大数据的概念、特征及其应用[J]．国防科技，2013，02：10-17.

[41] 马刘霞．基于互联网的普惠金融实践[J]．经济师，2014，08：168-169.

[42] 年有愚．雅虎继 Facebook、微软之后发布透明度报告．创见网，2013-06-18．

[43] 钱箐旎．阿里小贷的水文模型[N]．经济日报，2014-02-26．

[44] 赛迪顾问．中国金融行业大数据应用市场研究白皮书．2013.6．

[45] 宋爽劲．思科耕织中国[J]．新经济，2013，08：86-87．

[46] 孙宏超．“审查”思科[J]．中国经济和信息化，2012，22：28-36．

[47] 孙韶菊．基于云计算的图书馆信息资源共享系统构建研究——以天津市高职院校图书馆为例[J]．图书馆研究，2013，03：26-29．

[48] 汤平平．大数据，现阶段银行该怎么用[J]．市场研究，2014，03：20-21．

[49] 陶短房．危险的大数据[N]．国际先驱导报，2013-07-05．

[50] 王静．我国互联网保险营销的问题研究——以“众安在线”为例[J]．中国商贸，2014，15：42-43．

[51] 王玮．大数据时代的商业银行数据治理研究[J]．中国金融电脑，2013，07：36-38．

[52] 王泽华．互联网金融风险及风险管理研究[D]．河南大学，2014．

[53] 维克托·迈尔-舍恩伯格．删除：大数据取舍之道[M]．浙江：浙江人民出版社，2013．

[54] 吴晓求等．证券投资学（第四版）[M]．北京：中国人民大学出版社，2014．

[55] 吴晓求等.中国资本市场研究报告(2014)互联网金融:理论与现实[M].北京：北京大学出版社，2014.

[56] 萧然．业内讨论美国发难华为中兴：中国企业正在壮大．新浪网，2012-10-15.

[57] 谢平，邹传伟．互联网金融模式研究[J]．金融研究，2012，12：11-22.

[58] 严圣阳，王燕铭．新型影子银行的特征与影响分析[J]．现代商业，2014，15：176-178.

[59] 杨慧.嘉信理财:互联网金融时代成功券商典范[J].中国集体经济，2014，19：84-85.

[60] 于志刚．“大数据”时代计算机数据的财产化与刑法保护[J]．青海社会科学，2013，03：7-16.

[61] 余额宝视角下的当今互联网金融[J]．现代商业，2014，13：16-21.

[62] 张方海．大数据变身耗子夹，老鼠仓无处遁形[N]．华夏日报，2013-09-09.

[63] 张钢．从美国“棱镜计划”看我国网络信息安全问题[J]．法制与社会，2014，05：173-174.

[64] 张庆媛.创新发展电子银行 加快传统业务转型——浅谈互联网金融模式下传统银行业务的转型与发展[J]．北方经济，2014，07：27-29.

[65] 张冉．掘金“后棱镜门”时代[J]．中国经济和信息化，2014，11：49-51.

[66] 张涛．新型互联网金融的发展——以余额宝为例[J]．经济研究导刊，2014，21：113-114．

[67] 张扬．思科卷入“棱镜门”，为何让我们“坐立不安”．人民网．2013-06-18．

[68] 张引，陈敏，廖小飞．大数据应用的现状与展望[J]．计算机研究与发展，2013，S2：216-233．

[69] 招商证券．互联网金融专题之二：且论发展，休谈颠覆．2014-03-06．

[70] 赵辉．新加坡经验：大数据时代政府的角色．中国企业家网，2013-09-29．

[71] 中国建设银行研究部．余额宝又一次改变了银行．新浪财经，2013-07．

[72] 中国人民银行．中国金融稳定报告 2014．2014．

[73] 中国人民银行金融研究所课题组．对我国金融信息安全的观察与思考——基于“棱镜门”事件[J]．吉林金融研究，2013，08：1-6．

[74] 兹维·博迪，罗伯特·莫顿．金融学[M]．北京：中国人民大学出版社，2000．

好书分享

《程序化交易实战：平台、策略、方法》

冯永昌 景亮 易晓磊 著

ISBN：978-7-121-27293-6

定价：69.00 元

出版日期：2015 年 11 月

程序化交易领域一大力作，涵盖程序化交易的方方面面，语言平实、深入浅出、逻辑严谨，是宽客们不可错过的指导手册。

内容简介：

本书涵盖程序化交易的方方面面。全书共包括 5 章，分别介绍了程序化交易的基础、平台、语言、策略和进阶方法。其中，第 1 章基础部分包括程序化交易的定义、业务逻辑和市场现状；第 2 章平台部分分别对典型程序化交易平台、新一代的量邦天语平台和微量网的互联网云交易平台进行了介绍；第 3 章策略开发语言部分对通用性计算机语言在策略开发中的应用和新一代策略开发 Q 语言进行了介绍；第 4 章程序化交易策略部分对数个经典策略进行了详细介绍；第 5 章在前 4 章的基础上对程序化交易进阶的重要方面分别进行了介绍。

考虑到广大读者的知识背景，本书绝大部分章节并不需要专业的知识积累即可阅读。当然，对金融产品（股票、期货、贵金属）交易机制的了解会有助于理解程序化交易的相关特征，有一定编程基础的读者能够更快上手策略的实际开发，良好的数理统计基础也将简化进阶章节中数学计算和算法的阅读难度。本书不仅对程序化交易初学者来说有很好的引导作用，对于程序化交易实践人员、程序化交易平台研发人员也是一本内容全面的指导手册。另外，对于金融机构从业人员，本书对行业关键技术进行了系统性的介绍，有助于其深入了解市场和开展相关业务。

编辑推荐：

程序化交易作为量化投资的重要分支，从期货领域开始发展，并且逐步推广到股票、期权、场外证券等各种金融衍生产品。随着中国金融市场的发展和 IT 技术的进步，未来越来越多投资者将采用程序化交易的方式进行市场分析、模型编写、交易委托、风险控制等。这本书对于入门级宽客来说，无疑是极好的教材。

反侵权盗版声明

举报电话：（010）88254396；（010）88258888

传　　真：（010）88254397

E-mail：dbqq@phei.com.cn

通信地址：北京市万寿路 173 信箱

电子工业出版社总编办公室

邮　　编：100036